게헨나

게헨나

안민 시집

시인의 말

기억 앓는 곳마다 흐르는 잿빛 입자들,
그 속에서 수없이 많은 나의 얼굴이
나를 보고 울고 있었다.

차 례

● 시인의 말

제1부

나와 나의 분인分人과 겨울에 갇히던 ———— 12
사건지평선까지의 거리 ———— 14
피아노 ———— 16
비어秘語 혹은 비어悲語 ———— 19
어둠론 ———— 34
큐브 ———— 36
당신을 향해 달리는 당신 ———— 38

제2부

사춘기에서 그 다음 절기까지 ──── 42

계단 ──── 45

도로적道路的 강박관념 ──── 48

속화俗畵의 발 ──── 51

바라나시 경가 ──── 54

뼈의 기원 ──── 56

사막의 풍경 ──── 60

제례의 구간 ──── 62

제3부

모래시계 ──── 70

스노우 볼 ──── 72

게헨나 ──── 74

유리 고양이 ──── 76

다음에서 머리카락을 바르게 설명한 것을
전부 고르시오 ──── 78

실조 ──── 81

안개보다 더 흐린 새벽의 레퀴엠 ──── 84

어제 ──── 86

천칭좌―Zubenelgenubi ──── 87

제4부

최초의 정의 ──── 96
그림자극 ──── 98
눈 없는 얼굴 ──── 101
낯선 유전자 Pool로 ──── 103
한 마리 사막 ──── 105
사이클에 관한 견해 ──── 107
시안 ──── 110

▨ 안민의 시세계 | 황치복 ──── 129

제1부

나와 나의 분인分人과 겨울에 갇히던

공포는 나에게서부터 시작되었고
내 뿌리 끝에는 눈동자가 있었다

유리에 감금된 눈동자가 떨릴 때
일곱 개의 눈동자 속으로 어둠이
밀려들었다

어머니를 아내로 삼는 파사국과 다섯 형제든 여섯 형제든 공동으로 한 명의 아내만 삼는 사율국에서도 태양이 쓰러지고 겨울이 스며들었다 토화라국과 계빈국과 범인국에서도 그러했다 그즈음

나는 내 분인과 설산을 넘고 있었다
분인은 피에타에 등장한 남자이기도
올드보이 안쪽의 외로운 타자他者이기도
소설 『서드』 속의 주인공이기도 하였다

아, 피에타 아바타 아미타불의 날들이여

그러므로 나는 하나에서 출발하여 여러 개로 설산을 넘었고 눈이 펑펑 내렸고 아내는 둘이 되었다가 넷이 되기도 했는데 서로의 목에 밧줄을 걸었고 흰 피가 결빙되고 있었다 다시 밤눈이 내리자 아내는 두 개의 화분으로 놓여 자라기 시작했다 아내의 숫자만큼 나의 분인은 인수분해 되지 못했다 일억 광년 거리의 어느 행성에서 또 다른 나의 분인이 눈물을 흘렸고 애인의 남자는 두 번만 등장하기로 했는데 약속은 지켜지지 않았다 꽃은 각본이 없었고 아이의 퇴화는 빨랐다 마침내 아내는 하나만 남았고 애인은 손가락 숫자만큼 되었다 하지만 나의 분인은 계산되지 않았다 흰 피가 허공에서 내렸고 그믐 무렵 하나 남은 아내마저 희미해져 갔다 서른두 개의 지옥에서 나의 분인은 계속 잉태되었고

    공포는 나에게서 오고 있었다
    그건 눈동자 뿌리에서부터였고
    뿌리들, 시원은 구멍들이었다

사건지평선까지의 거리
― 내가 속한 별은 어두운 구석이고 네 혈액형은 람다(,⊿)

    가을을 지워도 여전히 가을, 너는 손가락마다 우물을 지닌 바람, 우물이 흔들릴 때마다 비가 내린다 비의 표면에 맺히는 별빛들,

    나는 늘 흘러가고 너는 비 내리는 요일에만 온다 일기예보에 의하면 바람은 여전히 우울증을 앓는다 먹빛 일기에도 금세 들키는 표정처럼

    우울은 화이트홀까지 계속될 테지만 그곳은 천체망원경으로도 관찰된 바 없다 그러나 소멸 안쪽에서도 움찔대며 태어나는 입자들, 흘러가는 나는 사건지평선에 근접해 있다 그것은 우울한 비에 노출되었기 때문

    오늘, 바람이라 명명하는 네 전생은 흐린 나무,

    별빛을 모으면서 결빙되었다가 해동되었다가 부서지면서 바람이 된 너, 기억 속의 천문학자들 또한 그들의 별에선 나무였다 나보다 한발 앞서 사건지평선에 도달한 그들,

몸속으로 비가 샌다 어떠한 절망도 중력보다 무겁다 저 너머의 별에선 왕비와 병사가 참수당하는 게 보인다 불륜을 목격한 나무의 목에 걸리는 밧줄, 중력에 동의한 그들,

비는 무겁게 내리고 새는 음악을 작곡하고 누군가는 우주에서 가장 어두운 섹스를 꿈꾸고

네 혈액형이 내 눈동자에 번진다 사건지평선에 도달할 시간은 어제 내린 비와 내일 내릴 비만큼의 거리

피아노

피아노가 죽은 뒤에도 나는 여전히 피아노다
몸 안에 현이 심어져 있다 눈을 감으면
캄캄한 기억 속을 방문하는 창백한 소녀
손가락 사이에서 푸른 새들이 난다
손톱에는 붉은 꽃잎이 비치고
에테르, 너울거리며 밀려오는 에테르
나는 피아노 선율처럼 흘러온 것이다
악보 같은 차트를 흔들며 들어서는 흰 가운들
저들은 왜 검은 빛을 흘리는 걸까 피아노인가
병인病人이 아니라 피아노로 살아온 것에 대해
동공이 먼저 증거할 때 나는 열일곱 살이 된다

어둠을 진동시켜 소리가 들리게 되는 거죠 잠이 내려가는 깊이는 약 10mm이고 잠의 무게는 50g 전후입니다 저음은 아주 무겁게 고음은 조금만 가볍게 조정되어 있어요 뼈는 장식성을 고려하여 아크릴이나 인공 상아, 베이클라이트 등의 합성수지일 것입니다 뼈를 잠 속에 빠트려 그 공률로 현을 치게 됩니다 악몽은 이때 완성되죠 조율되지 못할 만

큼 자랐습니다

  흰 가운들이 피아노를 판독하기 위해
  내 몸을 밀폐된 통 속에 밀어 넣는다
  뚜뚜뚜뚜 징징징징 디디디디 쿵쿵쿵쿵
  두개골 안에서 낙엽이 흩날린다
  졸면 안 돼 졸면 안 돼…
  새들이 푸드덕거리며 내 심장을 만진다
  새들이 푸드덕거리며 내 동공을 만진다
  나도 소녀를 만진다
  내 그림자를 소녀 그림자에 포개 놓는다
  하얀 건반 하얀 가슴 까만 건반 까만 거기
  하얀 어둠 까만 어둠 망막이 젖는 소녀
  빗물 같은 음악이 된다 도시라솔파미레도
  피아노가 소녀의 손목을 잡고
  아득한 저음으로 내려간다
  뚜뚜뚜뚜 징징징징 디디디디 쿵쿵쿵쿵
  내 몸속 피아노는 귀를 틀어막고 있고

악보는 홀로 펄럭이고

비어秘語 혹은 비어悲語

— 1

2053년 그리고 12월 같은 혹은 그랬으면 하는 흐린 밤, 나는 적는다 몰락에 관하여 그대와 나에 관하여 더불어 기다란 고통에 관하여

이마의 왼편에서 질주해 온 기차가 바람을 찢으며 지나간다 유령의 옆모습처럼

그때의 상황은 불가해한 일이었다

검은 고양이가 제 볕을 뱉어내며 날아올랐고 그대는 고독과 불안의 정체도 모른 채, 검은 기차들 옆을 서성거렸다 그리고 시장에서 가지를 고르듯 기차를 골랐다 기차는 대개의 여자에게 소용되는 용품… 하지만 기차 없이 생을 마감한 이들도 있다 가령, 처녀인 채 지워진 나의 막내 이모가 그랬고 목을 매고 떠나간 어느 독재국의 외동딸도 그러했다

그대가 고른 기차는 분별없이 달리는 중이다 셀 수 없을

만큼 목침을 밟고 왔던가? 폭주와 음주와 굉음과 비명과 폭발과 폭탄, 그 사이와 사이에서 그대는 겨울 억새처럼 흔들리겠지 낡은 간이역 지붕처럼 힘없이 주저앉겠지

 이 밤도 뿌연 분진을 날리며 기차는 난폭하게 그대 허리 아래를 지나고 있다

 — 2
 기차가 그대를 통과했으므로 그대는 어쩔 수 없이 기차의 운명에 속해 있다

 계절 변경선을 통과하는 저녁, 그대는 돌이킬 수 없는 시발역을 추억하기도 한다 그러나 추억은 후회를 포장한 실체에 불과한 것 돌이킬 수 없다는 것에서부터 탈선은 스멀스멀 자라난다 누구나 기차를 버리거나 기차에서 뛰어내릴 꿈을 품고 있다 하지만 동공을 덴 새와 심장을 다친 사슴과 제 눈을 찌른 여자의 부음을 접하고도 달리는 기차에서 이탈한다는 건 참으로 두려운 예술이다 더욱이 황토물 붉게 흐르

는 철교 위에서라면… 누구는 이런 상황을 운명의 장난이라고도 하고 누구는 돌이킬 수 없는 숙명이라고도 하고 하나밖에 없는 내 누이는 「코미디야, 코미디!」라며 울부짖기도 한다

 「나, 이제 돌아갈래!」와 같은 문장은 순결하지만, 그것은 기차 밖에서도 암담한 빛깔이다 '돌아갈래'라는 말은 '돌아버리겠다'의 또 다른 은유이다 도저히 돌아갈 수 없으므로 뇌내腦內의 화폭에 혼란한 색깔을 칠하는 이들이 있다 몰락을 숭배하는 이들은 그 황량한 구역에서 어떤 획책을 건져내기도 한다 하지만 기차는 무지개가 흘러가는 거나 무지개가 다음 계절까지 생존하는 거에 대해 고개를 끄덕이지 않는다 까닭에, 기차는 무지개를 0.59g 혹은 3.87분의 허상으로 여긴다 대개의 기차들은 외형적으로는 도덕을 아버지로 섬기며 참으로 윤리적이다

 0.59g 혹은 3.87분의 예술을 분석하는 과학자와 무지개를 올려보며 야음을 모색하는 시인이 빨강과 주황의 경계

에서 서로의 멱살을 잡은 채 울고 있다

 — 3

 기차가 잠시 방심하거나 비틀거리며 달릴 때, 그대는 첫 번째 애인을 태웠다 누구는 이러한 행동을 인공 비행으로 치부하기도 하지만 그대는 절실했다 불온하지 않은 예술이 없듯 기차의 내부는 지옥이면서 침대이기도 하고 아름다운 여자가 경험한 내밀한 구간과 닮았기도 하다 나는 과연 몇 번째인가, 궁금하지만 그러한 의문은 적색과 녹색의 분별만큼 사소한 일이다 「눈동자가 적록색약을 앓는 줄 알았는데 색맹으로 판명되었다」

 어딘가에 유폐된다는 건 결국 갈 데까지 가봐야 한다는 상징이다 나는 자주 유폐되었다 기차를 동경하는 이의 관점에서 유폐는 매혹적이거나 은밀함이 될 수도 있겠지만, 유폐의 실체는 내내 폭우가 내리는 섬 같은 것이다

 비를 맞으며 섬이 둥둥 떠간다 세상의 모든 섬이 흘러간

다 어둡고도 흐린 가슴을 향해

 기차는 멈추지 않는다 기차에 유폐되면 불구를 앓는다는 걸 나는 몇 가지 학습으로 잘 알고 있다 나도 한때는 기차였고 구름 안쪽을 달리길 기도한 적도 있었으니…「그러나 나는 그다지 명료하지 않았고 아이처럼 왜소했음을 고백한다」그러므로 나 또한 윤리적이었다 기차의 내부에서 윤리적이지 않다는 건 폭약을 가슴에 품고 시가를 피우는 거에 다름 아니다 기차의 속성을 잘 몰랐고 윤리와 타협하지 않을 때였다 메테르를 닮은 여자였다 그녀는 주인 있는 여자였고 도덕은 기차와 연루되어 있었다 두 번 혹은 세 번의 밤이었을까? 그 짧았던 구간, 우린 다음 역을 계산치 않고 최선을 다해 밀착하고 밀착했다 하지만 나는 모든 걸 버리고 뛰어내려야만 했다 가을 깊어지던 쓸쓸한 24시였다 인간의 거죽을 벗겨내고 싶던 밤이었다 나의 불구는 아마 이때부터 시작되었을 터였다 하여, 나는 어떤 것에도 쉽게 흥분하지 않고 무엇에도 쉽게 발기하지 않는다 이런 생각에 잠기면 심장 가까운 곳에서 빗

물이 샌다

— 4

　그대는 어떨지 몰라도 나는 설국열차를 경험한 적 없다 하지만 그것엔 동의한다 그뿐만 아니라 경의를 표하고 싶다 그대는 몇 번째 칸인지 알 수 없고 나 또한 어디에 속해 있는지 알 수 없다 단지 계절 지나가는 지대에서 한 번 또는 두 번 조우한다 이것은 암묵이고 규칙이지만 코 없는 인디언 부족의 축제만큼 위태하다 시인은 위험한 짐승이다 시인은 불행한 악기다 세상은 상징과 음표를 노리는 사냥꾼으로 득실댄다 상징과 음표가 어두운 길을 빠져나간다 사냥꾼은 언제나 자기의 소유가 존재하는 줄 믿고 있다 도덕적인 자가 자신을 담고 있는 구덩이가 자신의 소유인 것으로 착각한다 윤리적인 자가 자신의 물건을 품고 있는 동굴이 저를 주인으로 섬길 것으로 믿는다 그대와 나를 가둔 기차처럼…

　음률은 대체로 기차의 내면에 속한다 음률은 예술을 위해 어느 구간에선 천천히 죽어가고 어느 구간에선 빛의 속

도만큼 빠르게 흐느낀다

  오늘 밤에도 원치 않는 기차가 그대의 내부에 들어서고 있을지 모른다 그대는 신음을 흘릴지, 아니면 몸부림을 칠지, 이도 저도 아니면 그저 찬밥처럼 밋밋할지 나로서는 알 수 없는 일이다 나 또한 한 마리 짐승에 불과하기에 추적추적 비 내리는 밤이면 터널을 찾아 헤맨다 그 터널이 불온한 구멍이든, 사연이 있든 혹은 없든, 그것은 중요한 문제가 아니다 어쩌면 느끼고 있는 순간이 나를 망각하는 구간일 테니…

  — 5

  기차를 의식하지 않는 구간 또한 터널이다 내가 기차였던 기억이나 혹은 기차의 내부에 유폐되어 있다거나 변형되고 있다는 명제를 잊는 그 아득한 순간, 캄캄함은 중요 부위의 감각만을 깨어나게 한다 대개의 인간은 지나온 터널 개수를 세지 못한다 내가 처음 터널을 경험한 것은 1998년 겨울의 일이다 내가 터널을 헤아릴 수 있다는 사실에 얼굴이 붉어진다 그러한 기억이 나를 몰락하지 않고 깨어 있게

한다 몰락하지 않고 그럭저럭 하루를 보내고 있다는 것에 나는 또 얼굴이 붉어지고 그대의 공간엔 새들이 추락하고

— 6

객차의 문을 몇 개 통과하면 하얀 병실 칸이 있었다 그곳에서 첫사랑 K와 이십 대 초반 S와 이십 대 중반의 O를 보았다 그리고 머리카락이 허리까지 닿는 M도 보았다 여전히 혼란했고 여전히 슬프도록 황홀했다 그녀들은 시차를 두고 기차를 구매했을 것이다 보기에 그럴듯할 만큼 길고 탄성 또한 적당했을 것이었다 그녀들은 떠나면서 누구도 뒤를 돌아보지 않았기에 내 사춘기와 청춘은 시차 없이 무너졌다 그런데 그녀들은 왜 모두 그곳에 머물고 있었던 걸까?

「내가 병실 문을 열고 들어갔을 때 의사는 아무 말 없이 내 머리칼을 잘라주었다 몇 줌의 기억이 싹둑싹둑 검정 빛깔로 바닥에 떨어졌다 눈물이 그렁그렁 피어났지만 나는 다시 나의 객차로 회귀해야만 했다」

내가 위험하다는 것을 아무리 느껴도 위험에서 벗어날 수 없다는 사실을 깨달을 때 십 분에 열 개비의 담배를 피운다 풀들의 영혼이 차창 밖으로 빠르게 빠져나간다 나는 나에게서 멀어지는 영혼을 바라보며 탄식한다 큰 새의 날개를 잡고 허공을 날아본 경험이 있다면 나의 표정에 동참할 것이다 삼백육십오 그리고 또다시 삼백육십오의 두 번이면 우울증이 10g이라도 치료될 수 있을까?

2053년 그리고 12월이 오면 기차는 기차가 아닐 거란 생각에 나는 어제를 살았다 그러나 지금은 기차가 북회귀선을 통과해 기억의 좌측을 달리고 있다 나는 윤리를 증오한다고 외쳤지만, 비겁하게 윤리와 타협하며 여기까지 온 것이다 윤리는 기차의 속도만큼 퇴화하고 내 몸뚱이는 박물관을 닮아간다 내가 누군가를 경외해야 한다면, 그것은 그들이 윤리와 적대적이기 때문이다 내가 아는 상사와 비서, 매혹적인 앵커와 위대한 학자 그리고 몇몇 시인과 방랑자는 철저히 윤리적이었다 최소한 낮에는 그랬다

— 7

  나는 레일 주위를 방황하며 목적지를 분석하고 조정하는 이가 분명 신일 거로 여겼다 나도 그대도 목적지를 모른다 레일이 교차하는 지점 혹은 변곡점 어느 구간에서 숱한 기차가 의도하지 않은 생경한 곳으로 향한다 이 기차도 내 의지나 그대의 의지대로 조절되지 않는다 물론 기차의 목적대로 되는 것은 더더욱 아니다 그럴 수 있다고 생각하는 것은 기차만의 착각이다 오류는 그러한 지점에서 발화한다 저녁이 내리는 구간을 지날 때마다 기차는 광폭해지지만 그것은 나의 잘못도 그대의 잘못도 아니다

  폭설이 쏟아진다 그대가 견디고 있다는 사실이 나를 견딜 수 없게 만든다 기차 안은 밖보다 시리다 영하의 겨울에 컨테이너 내부를 경험하였다면 망한다는 거에 동의할 것이다 온몸이 서서히 망해간다 나는 내 식대로 망해야 한다 산산이 부서질 수 있기를 기도한다 그러니까 눈꽃은 부서져 다시 눈으로 돌아간다 날개가 산산이 부서질 때 나비는 눈부신 햇살로 돌아간다 밖에서의 날들이 그리워질 때면 독

주를 마신다 빙산의 일부처럼 꽝꽝 얼어붙은 독주를 녹이기 위해선 고혹적인 여배우를 떠올리며 지퍼를 내린다

　지퍼는 궁색하거나 초라하다 성에가 뜨겁게 끼고

　끝도 없이 펼쳐진 지퍼를 닫으며 기차는 달린다 나는 열려 하고 기차는 계속 닫으려 한다 이 또한 코미디일 것이며 그대와 나는 이러한 관성에 속해 있고 그것은 영원히 풀 수 없는 함수 같은 거다 여하튼 나는 결빙되는 중이다

　— 8
　500년 전 즈음이면서 500년 후 즈음이면 좋을 것 같은 밤, 나는 끊임없이 적는다 나에 대하여 그리고 그대의 여행에 대하여

　나는 왜 그대의 여행에 포위됐을까 그건 운명의 문제가 아니라 절망의 문제였다 다시 강조한다면 몰락과 우울과 기차의 문제였으며 또한 January 31.999…의 문제였다 겨

울이 한 페이지씩 파란 얼굴을 넘기며 지나간다 생경한 얼굴이 나를 관찰하며 예언한다 「당신의 동공에 유언처럼 낙엽이 쌓이게 될 것입니다」

우리가 토론한 적 있는 기차가 스쳐 지나간다 그 속엔 누구도 탑승하지 않았다 파란 음표와 녹색 휘파람 그리고 오래전 유년의 목소리만 가득하다 아, 그것은 기차가 아니라 하모니카와 플루트였다 인도와 페르시아 대륙을 거쳐 북해로 향하는…

— 9

철로는 제 몸보다 수천 배 무거운 몸을 지탱하고 있다는 사실을 생각할 때, 나는 내가 무겁다

「중독은 무겁다」

중독된 이들이 적막을 풀어내며 흘러 다녔다 중독된 이들이 철로 변을 서성거렸다 어머니는 철로를 건너 공장엘 갔고 어둑해지면 철로를 건너 집으로 돌아왔다 어머니의

발은 기찻길 목침 위에서 언제나 무거워지곤 했다 어머니는 애초에 기차를 믿지 않았다 아니 기차를 저주했다는 게 맞는 말일 것이다

「기차를 경계해야 한다 스스로 기차가 되는 것은 가장 어리석은 짓이다」
어머니의 유언이었다

— 10
기차는 마구 흔들리며 달리지만 나는 달팽이보다 느리다 지구별이 빛의 속도로 달리지만 그대가 나에게 닿는 건 유계처럼 멀듯

젖은 음악이 지나간다 음악이 읽히지 않는다 그러나 그 안에 흐르는 나의 소문은 누구에게나 다 방영된다 나는 진실만을 말할 것을 맹세하곤 했다 거짓말을 두 번째 들키면 누구를 막론하고 내 영역에서 지워지곤 했다 그러한 사실에 모든 눈동자가 흔들렸다 하지만 지금의 내가 「거짓말을

증오한다」라고 하는 것은 새빨간 거짓말에 가깝다

   나는 거짓으로 왔고 정말이지 진실로 살았고 거짓을 덮고 죽어가게 될 것이다 더는 미사곡이 나를 편곡할 수 없다 더는 고해가 나를 취급할 수 없다 까닭에 나는 냉담 중이다

   나는 기차를 속였다, 고 고백하고 싶다 하지만 그대와 나는 기차의 내부에 속해 있다

   「죄송합니다 속여서」
   「나의 뺨을 휘갈겨 주십시오」

   기차 안, 기차 안, 기차 안, 기차를 속인 게, 정말이지 기가 찬다 나 자신에게도 그렇다 발버둥을 쳐도 기차 안, 기차 안, 기차 안이고 오늘은 40년 혹은 50년 후 같은 마지막 12월

   밤이다 이 밤 난

부재를 염원한다
몰락을 염원한다

더불어
그날을 염원한다

「그날은… 그대가 나의 세계입니다 아무 내용이 없을지라도」

그렇게 염원은 끝없이 계속되겠지만
그날, 나는 존재하기라도 할 것인지…

아무튼 기차는 위험하게 달리고 나는 거짓으로 왔고 진실로 살았고 거짓을 덮고 떠나게 될 것이다 심장엔 어떤 영혼도 없이

어둠론

   회색 알갱이들이 흐르고 있다 불면의 눈동자 위로 천천히 떠가는 알갱이와 알갱이, 이것을 길의 입자라고 부르자 그리고 지도에 표시되지 않은 길을 뼈라고 부르자

   길 밖의 길은 몸 안쪽에 있다 고독한 자는 길을 잃었을 때 지도를 구하는 대신 어두운 거리에서 제 뼈의 냄새를 찾아 헤맨다 그렇게 서성이다 길이 되는 사람들, 이들을 낭인이라고 부르자

   시한부 길을 눈치챈 이가 울고 있다 무거운 음률이 바닥으로 내려앉는다 한편에선 눈을 도둑맞은 여자가 해머로 피아노를 부순다 이러한 풍경을 아방가르드라 부르자

   결빙된 동물의 잔해처럼 부스러진 시간이 혼미하다 아방가르드 혹은 난해한 미로를 몸이라고 부르자

   길이 엉켜버리거나 무너진 이들은 미로의 심정으로 제 몸을 데리고 녹슨 십자가를 찾는다 이들을 병인이라고 부르자

계단 난간에서 말기 병인이 무너진 길을 흘리고 있다 눈에서 입에서 귀에서 길이 흘러나온다 흘러나와 흩어져 날린다 이 모든 미로와 피아노와 난간의 표정을 장막이라고 부르자

장막이 펄럭이는 지금, 당신도 흘리고 있다 회색 입자들을

눈 ; 무너진 길을 버리는 배출구 [비슷한 말 : 입, 귀]
밤 ; 아방가르드 혹은 미로의 유전자 풀pool
어둠 ; 복수複數의 회색 알갱이 [같은 말 : 길(뼈)의 입자들]

큐브

　모르는 경로였다 별들의 공전과 상관없이 운항하다 멈추고 멈추다 운항했다 중심에 가까워졌다 기억의 과잉으로 바닥에 추락하기도 했다

　얼굴이 후면이 되었다가 후면이 얼굴이 되기도 했다 때론 경험한 길 같았지만 깊고 어두운 내부였다 어디선가 울음 삼키는 소리도 들려왔고

　흩어 놓은 좌표와 흐린 일기 안에서 불화했다 누구도 기상을 예보해주지 않았다 길은 딱딱하고 수분이 없었지만 어느 날은 비가 내렸고 또 어느 날은 눈이 내렸다

　　　알 수는 없지만 너 또한 그러했을 것이다 누군가 생을 헝클어 놓은 그날 이후 나는 너 아닌 이와 만나고 헤어지고 다시 또 만나고 헤어졌다 지도를 분실한 나는 퍼즐 속의 편지였고 편지 속의 퍼즐이었다

우린 흐릿하다 하지만 기억하지 못하는 어떤 날 12개의 출입구가 있는 2번 지하도 계단을 내가 내려갔을 때 너는 3번 지하도 계단을 오르고 있었는지 모른다 혹은 내가 탄 지하철 칸이 플랫폼을 서서히 빠져나갈 때 계단 쪽으로 사라지던 뒷모습이 너였을지 모른다 54개의 면처럼

　　　　혼잡한 원형 교차로 신호등 저쪽에서 너로 착각한 얼굴을 주시한 적 있다 그 순간 모든 게 정지되었다 그것은 전생의 어느 구간에선 수백 년이었는지도 모른다 자동차 한 대가 굉음을 울리며 질주하자 카오스는 반복되었고

누구도 만나지 말아야지 각오했지만 생은 뒤죽박죽 섞인다 모순의 조각들이 팽창한다 조각난 마음이 살 속에서 아프게 살을 찌른다 겨울이 막 시작되고 있다

당신을 향해 달리는 당신

마라톤 평원을 달리고 있는
당신,
페르시아에 속해 있습니까?
아테네에 속해 있습니까?
당신은 아름다운 전령입니다
발이 사뿐사뿐 뒤통수를 쫓고 있습니다
개에게서 호흡을 배워
당신은 달리고 새는 날고 물고기는 헤엄치고
그리하여 멀어지고 있습니다 숲으로부터
나로부터 몰락을 둘러업고
낙타처럼 느리게 혹은 치타처럼 빠르게
몸이 몸을 밀고 나아갑니다
당신을 알기 위해
얼마나 많은 몸을 거쳐야 했습니까
그림자도 결별이 있다고 하였나요?

 나도 그림자를 베어내고 떠나려 했는데 여전히 숲에 머물고 있습니다 당신의 들숨과 날숨을 잉태했기 때문입니다 아름다운 안나처럼… 지금은 숲에 화살 같은 비가 내립니다 액자 안엔 고갱의 자식들이 오버페이스를 합니다 모든 입이 당신과 내가 관계하지 않았음을 입증하고 있어요 내 음악은 오선지 네 번째 줄에 걸려 펄럭입니다 당신의 호흡은 벽을 잘 뚫고 있나요?

터닝 포인트! 터닝 포인트!

양 발목의 관절각을 길게 유지해야 합니다
당신이 베어 문 숲 귀퉁이에서
다리들이 무럭무럭 자랍니다
뒤꿈치가 참 예쁩니다
그러나 뒤꿈치로 착지해선 곤란합니다
한 발에서 다른 발로 디딤발을
신속하게 바꿔주는 센스,
당신은 역시 프로입니다
헉헉거리는 혀,
중력에 순응하는 뼈와 근육들,

무릎이 굽어 있는 나무,
생각 없이 다리에 얹혀 달리는
귀와 머리칼,
그 모든 풍경이 순환하고 있어요
그러나 나의 숲엔 반환점이 없습니다
테이퍼링의 나날입니다

  자궁이 방황하듯 숲은 여전히 무의식적입니다 어제는 숲이 두통을 앓았어요 쓸쓸한 가을이 마흔두 번째 당도하고 있었지요 내일 밤에 만날 남자가 유산소 지구력과 무산소 지구력을 해석하기 위해 숲을 세 번 더듬습니다 숲에는 아버지가 되고 싶은 풀꽃들이 질서 없이 흔들려요 당신은 낯선 당신을 몇 번이나 외면했나요? 화살이 겹겹이 쌓입니다 완주를 목적으로 하는 발바닥은, 이성적으로 잘 부풀고 있나요? 그리운 당신

제2부

사춘기에서 그 다음 절기까지

— 1

총신 끝에서 새가 푸드덕 날아오른다
하얀 기폭,
눈부신 소녀의 허벅지,

너는 총구가 식어 서부 대신 동부로 갔고 소년은 총구가 부끄러워
제 안을 맴돈다 불온한 사랑처럼 십자가 위로 젖은 눈이 꽂히는데

너는 퀴어도 아니면서 총을 만졌고 소년의 총은 구멍 없이 더웠다
자위적인 태도와 그림자 없는 형상으로

들켜버린 아름다운 치부,

— 2

조숙과 미숙에서 밤은 혼미했고 근친이 구약에 혼숙하고

있음을 알아챈 소년이 자신의 신을 바다에 버렸다 붉은 바람이 불어왔고 소년은 네 어머니와 여동생에게로 개종하였던가

몸 안 깊은 골짝까지 뜨거운 눈보라 흩날리고 너는 사라졌다 죄지은 손과 함께

신을 걸어두고 네가 방언을 한다 누군가는 그걸 발견이라고 명명한다 머나먼 노스캐롤라이나에서도 여전히 네 총은 소년의 총과 흡사하고 여전히 모호하며 여전히 소녀의 오빠이며 연인의 아들이다 여전히

기도한다 네가 방아쇠를 당긴 후 소년의 총신엔 꽃이 자랐고 총알이 밤마다 꿈 안을 부랑했던 것을 고해하길

기도한다 총소리에 엉킨 피아노 선율이 총신을 칭칭 감았던 것을 고해하길

술을 마시고 자신 혹은 타인의 총을 애무하던 밤의 냄새가 흘러온다 근친의 거리를 모색하며 바닷새를 사육하던 언덕이 밀려온다 녹슨 총구에서 자주 더운 눈이 내리고

― 3
너는 동부에서 오늘도 총을 매단 채 오래된 겨울에 대해 오염된 간증을 흘리는데

어디선가
탕― 탕탕―
번져온다 흐릿한 꽃향기

계단
— 어둠과 허공과 흐림과 침묵과 알지 못할 그 모든 것의 난장亂場.

허공 혹은 천 길 나락으로의 주둥이 ;

18세기 부하라의 죄수들, 자루에 담겨 46m 칼란 미나레트 첨탑에서 뉴턴의 사과처럼 만유인력을 간증했다. 그때 계단은 캄캄했고 귀를 콱 틀어막았을 것이다.

형이상학 ;

계단에 주저앉아 울어 본 적 없는 동물과는 절대 가위바위보 게임을 해선 안 된다는 게 아버지 유언이다.

형이하학 ;

처녀 유부녀 창녀를 가리지 않고 아래쪽 내면의 미美를 감상하게 된다.

묵비默秘 ;

아침 여섯 시, 김 씨 볼일을 보고는 재래식 화장실 0.5m 높이 계단을 헛디디며 최후의 비명을 연주했다. 두 시간 후, 그의 처가 변형된 비창을 작곡할 때까지도 계단은 침묵으로 일관하고 있었다.

(김 씨 처는 등산길 가파른 돌계단 끝에서 만유인력에 대해 학습했을 개연성이 큼)

벽 ;

김 씨 음악 관련, 그의 처는 계단을 강조하고 근족近族은 처의 귀와 입에 짙은 혐의를 두었다. 자식들 눈동자는 안개처럼 혼미했고

깃발 ;

때로는 아무도 몰래 미친 듯 펄럭이기도 한다.

유령 ;

초고층 아파트나 빌딩에 놓인 계단은 고독에 몸서리치며 귀신처럼 괴이한 울음을 흘린다. 흐린 날이면 더욱 정도가 심해지는 경향이 있다.

친절한 금자씨 ;

계단 끝에 걸린

그림자,

계단이 바람을 불러들여 순식간에 등을 떠밀어 버리기도 한다.

신앙;

누군가는 제 몸을 계단에 접는 것도 부족해 무슬림처럼 바닥에 이마를 붙인 후 종일 기도를 한다. 동전 소리가 들릴 때 간혹 이마를 떼기도 하지만 그는 계단을 통해 우주를 읽고 밥을 얻고 밤이면 계단을 덮고 잠을 청한다.

몸의 내부;

내 몸속에도 계단이 존재한다. 무수한 발자국이 찍혀 있다. 술 취한 아버지 발이 심장 근처까지 올라와 비틀거리거나 여자가 허리 아래로 내려가다 실족키도 한다. 계단을 사랑하는 새들이 새벽까지 내 몸을 흔들기도 하지만 나는 위만 보고 상승 중이다. 몸은 생장을 멈췄지만 계단은 자라기 때문이다. 나는 계단에 중독되어 나무계단처럼 자주 삐걱거리고

도로적道路的 강박관념
— 이상에게

방문 앞에 당도했다 도로를 질주한 아이들
곧 내 몸 안으로 우르르 쏟아질 것이다

당신은 금지되었으므로 공중전화는 무릎처럼 가까울 수도
은하처럼 아득히 멀 수도 있다 스산한 13
지난겨울의 저승이 오늘이라고 주홍 색깔로 표기해 둔다

내 몸 안의 내륙에도 도로가 놓여 있다는 건
아이들은 이미 눈치챘다 어른들의 전생 같은 눈을 가졌
으니

감시당하는 자는 감시에 익숙하다 폐병 환자처럼
허공에 길을 닦기 위해 동전을 많이 바꿨다고 들었다
체포 이후 죄가 만들어지는 카프카적 거리의 공포
동전 속 인물이 어둠으로 얼굴을 던질 때
아이들이 도로를 다시 질주하게 될 거다

거울을 이해하기 위해 거울 속에 동공을 빠트린다

강조하자면 도로는 의도적이고 계획적이어야 한다

공중전화 부근에서 봄이 우수수 떨어진다
아름다운 자궁에도 포말이 일겠지 젖은 노을이
골목 안쪽까지 널린다
길은 막다른 골목이든 뚫린 골목이든 상관없다

세상의 하체는 13인의 아이를 닮아가며 낡아가고 있다
남자와 여자는 각각 몇 마리인가?
도로의 질료는 죽음 같은 잠,
눈을 감으면 아스팔트 빛깔로 깜깜하고
잿빛 기하학이 차선 모양 흐른다
그러니까 감은 눈이 켜질 때를 가장 조심해야 하는 법,
죽은 꽃이 피어나려 할 때 우는 여자를 사랑해선 안 된다

불안한 아이가 나의 몸에서 전화기의 몸을 거쳐
당신 몸까지 질주하려 한다

공중전화 수화기는 스스로 제 목에 줄을 감고 있고

속화俗畵의 발
― 화랑에는 그림 속에서 태어난 바람도 전시되어 있고

나는 굿판에서 태어났죠

신기神氣 없는 날들이 계속돼요
문을 열면 수상한 바람이 작두날을 세우는데
아버지는 엉망으로 취해 있고
댓가지가 사납게 흔들리며 불온을 편집해요
그런데 참, 아버지는 무덤 속에 있잖아요
한 입으로 두말하듯 주술이 흐르는
내 입술도 구 할이 덧칠된 것이죠
무병 든 여자가 젊은 날의 내 맨발을 보내왔어요
발은 주술에 취해 허공에서 허우적거려요
수많은 발이 보이므로
부끄러운 내 발목을 돌에 매달아 던져버려야 해요

카슈카르나 쿠차의 칼날 같은 길 위에서
허공에 휘파람을 띄우면 안 돼요
작두날을 탄다는 건 허공에서 죽은 영혼과 교류한다는 것
신기 없는 휘파람은 작두날에 베이므로

발목도 예외가 아니죠
그날 무녀는 삭풍 부는 구릉을 오르내리고 있었어요
내 예감은 작두날 위에서 동강 나고
그즈음 무녀의 입술이 움직였어요
육질이 무른 예감은 쉽게 베인다고

한 무리의 눈보라가 길을 만들면
한 무리의 발들이 흘러가요
그것은 대체로 은밀한 풍경이죠
내 발목은 나를 기억하지 못해요
「발목을 돌려주세요」
「너는 바람에 죄를 지었다」
무덤까지 흘러간 휘파람은
앙상한 나뭇가지에 걸려 흔들리고
무거운 하늘에 흑색여민귀새가 맴을 돌아요
작두날 위 시간은 제 운명을 모른 채
훌륭히 늙어가고 있어요
진실은 불편하고 진실의 근저를 이룬 발들은

미라처럼 무표정해요

바라나시 경가

경가로 떠나지 못한 나날이었다 눈보라가 쓸쓸하게 치고 있었다 경가 경가 경가의 강가가 그 강가로 난 떠날 거야 되뇌며 경가 강가를 그리다가 그림이 되질 않아 찢어버리고 경가 강가의 유연한 곡선을 닮은 붉은 나신을 그리던 밤이었다 문밖에는 어둠이 강가처럼 질척거렸고 캔버스 안 나신이 완성될 즈음이었다 초대한 적도 없는 젊은 사두가 내 방문 앞에 당도했다 그러고는 뱀을 부리듯 나신 한 구를 그림 안으로 운구하였다 그림 밖에선 눈보라가 여전히 흩날렸고 그림 안에선 검은 잎들이 무성해지려 하였다 사두의 눈동자가 나신을 향해 풀어지자 나신의 중심에선 강이 흘렀다 사두는 어쩔 수 없다는 듯 시신을 내려놓고 화장을 시작했다 아, 화장되는 시신은 흘러간 내 몸이었다 그림밖엔 눈보라가 쳤으므로 나는 뜨거워졌다 식기를 반복하며 졸았는데 졸음 틈새 그토록 원하던 경가 경가 경가의 강가 그 강가에 내가 놓여 있었다 미래의 내 주검이었고 모든 주검은 다 내 몸이었다 다시 살아나지 않도록 다시 임종을 맞지 않도록 사두는 주검을 버닝가트에 차곡차곡 쌓았다 바라나시 경가 경가 희뿌연 강가에서 내 육신은 어제까지 죽은 사람 오늘 임종을 맞게 될 사람 그리고 다시는 임종이 없을 사람이었다 화장용 속옷을 걸친 주검을 람람싸드야혜— 람람싸드야혜— 주문이 넝쿨 모양 칭칭 감았다 눈썹 끝에선 나비가 팔랑거렸고 연기가 눈보라처럼 너울거렸다 하지만 아무도 울지 않았다 생과 사가 그림 같았다

뼈의 기원

1
문득, 뼈가 시려 오면
내 뼈의 아득한 시원을 찾아
눈과 바람의 길을 걸어 수백 년을 거슬러 올라간다
뼈대 있는 집안의 자손이란 것이
대체로 나의 문명이지만
그것은 비석에 판각되거나 정의된 것만이 아닌
단단한 그 무엇이 내 속을 지탱하고 있기 때문이나

문장과 말 속에도 뼈가 있다 하고
문중의 아재 한 분은
바람조차 투명한 뼈를 지니고 있다 하므로
뼈는 삼라만상의 근원이다
모든 족속은 그 조상으로부터
몇 개의 맑고 흰 뼈를 물려받아 사는 동안
또 한 생이 고요히 마감되는 것이다

"뼈가 시릴 적엔 몇 모금 음복술로 덥히면서 오백 년 전, 통정대부 할아버지를 만납니다 삼십 대에 무슨 사화로 졸卒하신 당신, 처자식은 관노가 되고 그때 당신의 눈물은 눈발이 되어 사방 백 리까지 날렸습니다 그때부터 당신은 뼈마디마다 수수눈꽃을 피우면서 아버지와 저의 뼈를 만들었습니다 그러므로 눈발 속에도 맑은 뼈가 있음을 저는 믿습니다 아버지가 졸卒하시던 그때처럼"

2
아버지는 신발공장 공원에서 출발하여
생의 마지막 즈음 공사판 반장직에 올랐는데
젊은 나이에 병으로 졸卒하셨다
그때 아버지는 뼈만 남은 문양으로
어린 내 손을 꼭 잡은 채, 흐린 물기를 보였는데
물기는 뼈를 타고 흐르다 서서히 결빙되고 있었다
어린 나는 앙상한 뼈의 모습이
너무 무섭고도 생경해 입관하던 날조차
차가운 뼈를 따숩게 데우지 못했다
그날에도 먼 곳에서부터 눈발이 날려 왔고

오래지 않아 강아지처럼 여린 뼈를 가진
내 아이가 세상에 나왔다

"아버지, 오늘 밤 수북이 눈이 내립니다 눈송이 송이마다엔 당신의 눈물이 담겨 있다는 것을 잘 압니다 북편에서 날리는 눈발에는 종가에 계자로 와 당신 집안은 절손 된 9대조 조부님의 눈물도 보입니다 저와 아이는 오늘 같은 밤이면 뼈를 살포시 맞대고 세상을 꿈꿉니다 그래서 눈 오시는 밤은 참으로 마음 따슙니다"

3
뼈가 잘 맞물려서 사계절을 보냈다
펼쳐진 시간 속에서
나의 뼈는 좀 더 유연해지고
아이의 뼈는 좀 더 옹골차졌다
몸속의 뼈들을 가지런히 정돈하여
순하게 낮추는 오늘,
뼈마다 하얀 풀꽃이 피어난다

향불을 피우는데 음력 시월 을해乙亥
이른 눈이 축문과 함께 투명하게 날린다

기서유역氣序流易

상로기강霜露旣降

첨소봉영瞻掃封塋

불승감모不勝感慕

근이謹以

청작서수淸酌庶羞

지천세사祗薦歲事 상尙,

향饗

"당신들께서는 하얗게 뿌려지는 눈으로 혹은 투명한 축문의 곡조로 살아오십니다 맑은 눈발 속 나폴나폴 떠다니는 어린것이 또 다른 뼈의 기원임을 깨닫고 있습니다 생이 다하는 날까지 뼈를 추스르며 어린 뼈를 돌보려 합니다 아이를 가만히 껴안아 봅니다"

사막의 풍경

등허리로 어둠이 내리면
희뿌연 바람이 불어온다
등을 눕힐 때마다 살갗에 붙은 모래 알갱이
송곳처럼 파고든다
오랫동안 무덤을 짊어지고
사막을 건넜기에 등은 점점 휘어진다
등짝에 저장된 기억을 불러내면
눈빛 깊은 낙타가
흘러나왔다가 모래처럼 무너져 내린다

 나는 표정 없이 앞으로만 걷는 동물이다 그러므로 멈춘다는 건 해 질 무렵, 사막의 능선에서 휘파람을 부는 것과 같다 다쉬테 사막, 석양을 배경으로 시아 무슬림이 사체를 짊어지고 메카로 향하던 모습을 본 적 있다 점처럼 작아지던 사내의 등은 적요한 문양을 풀어냈다 그때도 누군가의 휘파람 소리에 낙타가 무너져 내리며 생을 마감하고 있었다

 아버지도 등 후면으로만 무늬를 남겼는데

변곡선, 까만 점이 될 때까지 가 본 적 없는 대륙의 사막을 횡단하면서도 결코 뒤를 돌아보지 않았다 시아 무슬림 성자 이맘 레자처럼, 이승의 끝 날까지 낙타도 대상도 없이 등에 짐을 짊어지고 모래를 밟을 때, 새들은 휘파람을 작곡했고 나는 아버지 뒤편에서 새를 사육했다 등 앞쪽의 계절은 모래 폭풍 중이었으며 어둠은 짙었다 아버지의 후면이 아닌 전면의 문양을 입관 때야 겨우 볼 수 있었는데 사막 경계 부근에 다다라서인지 참으로 고적했다

제례의 구간

휘파람이 동굴을 인식할 수 없다 새들이 동굴을 예배할 수 없다 가을의 풀꽃도 그렇다 잘 죽고 싶은 심정은 몸 안의 대륙을 떠돌다 어떤 유전자와 결합해 발화하는 것일까 바람이 바람을 불러오듯 어둠만이 어둠의 눈동자를 인식할 수 있는 법, 아득한 묵시黙市의 세계, 자신도 모르게 유령이 되어버린, 가령 사연 많은 침묵이 그러하다

흠향하지 못한 영혼들이 나부끼다

교정 플라타너스 벤치 아래 그림자만 걸쳐두고 장기 결석한 친구 k도 그랬다 내가 그의 집에 당도했을 때 그는 죽어가는 짐승처럼 앓고 있었고 그의 아버지는 구석에서 박쥐처럼 웅크리고 있었다 토굴보다 더 깊숙한 지대, 음습하고 침침한 냄새만 떠다녔다 그 밤, 허공에선 아름다운 별들이 무수히 엉켜 흘러 다녔고

다시 그와 같은 기압이 흐르는 밤이다 아홉 개의 구멍에서 아홉 개의 침묵이 흘러나온다 침묵의 입자들이 공간을

빼곡히 메운다 동굴이 확장되는 지대는 늘 이러한 구간이다 후면을 드러내지 않는 등이 더욱 고적하다는 걸 나는 꽃 시들어가는 걸 보며 알았다 수분이 빠져나간 꽃잎의 날끼은 더는 예리하지 않다 꽃은 빨강과 노랑을 잃고 어두운 빛깔로 얼룩이 지고

  누구나 의도와 상관없이 죽어본 경험이 있을 것이다 나도 그렇다 그들은 나를 끌어안고 오래 흐느꼈다 하지만 나는 무엇도 느낄 수 없었다 내 영정이 희미하게 웃음을 머금은 채 물끄러미 나를 주시했다 누군가 내 안을 건너고 있었다 사진 속에선 플래시가 터지고 있었다 그러나 이상하게도 밖의 풍경보다 더 캄캄했다 빛의 알갱이들이 빠른 속도로 탈출하고 있었던가

  이건 분명 악몽일 것입니다 사실 나는 집행 전인 게 분명하죠
  그 착오가 꿈이란다
  굳은 표정을 벗겨냈을 때 더 단단한 빛깔이 드러나게 마

련이지

　우린 이 모든 걸 경계해야 한단다
　사방은 침침하고 분리된 손들이 너무 분주해요
　손이 기도 근처에서 펄럭이는 게 보이지 않니

　흐릿한 예감 몇 개가 지나간다 예감은 늘 적중한다 아버지의 아버지 그리고 그 아버지의 세계世系는 겨울 안개처럼 희미했다 오래전 내가 지은 미사곡이 공명을 일으키며 사방을 떠다닌다 나는 그 속에서 수장되는 짐승처럼 천천히 가라앉는다

　제례는 내 뼈를 도굴함에 다름 아니므로
　아직 비문을 완성하지 못했습니다
　죄송합니다 꽃잎의 날(刀)들을 모두 절취당했습니다

　동굴이 무대일까
　무대가 동굴일까
　누군가 무덤이 허공에서 흘러가고 있다고 적은 걸 본 적

있다

　동굴은 오래전부터 허공에도 존재했다

　그러므로 세상의 모든 무덤은 동굴 안에 있을지도 모를 일이다

　내가 술을 마시는 이유는 가면을 벗기 위함이라고 웅변하곤 했는데 고백하자면 외면 저편의 깊숙한 내면을 염원했기 때문이다 나는 빗물로 환생할 거라는 믿음이 있다

　나는 자주 침수되고 길들은 허망하게 지워진다

　화분에 규범적으로 물을 주듯 몸 안에 알코올을 쏟아붓는다 하지만 완전히 수몰되기 직전에도 갈증은 해소되지 않는다 사막보다 내 몸이 더 건조함을 안다면 애인은 나를 지워버릴 수 있을까, 라는 지문 위로 겨울비는 멈추지 않는다

　나는 계속 묵시黙市의 상태이고 시장市場은 규칙적이다 사전을 아무리 뒤져보아도 통증은 보이지 않는다 동굴 저편

에서 귀에 익은 목소리가 들려온다

   왜 연락 한번 없었어
   여기는 잠이 없는 세계고 항상 배우처럼 분주해
   배가 부를 때 가장 배가 고프고
   가장 주릴 때 어떤 욕구도 일어나지 않아
   조만간 다시 연락할게
   어떤 음성은 진부한 자막보다 더 실패일 수 있어

박약한 심장이 쿵쾅거린다 사전을 반복적으로 뒤져본다 도처에 증거와 흔적이 가득하다 이 또한 집행 후의 습성이다 나는 여전히 집행 전이거나 동굴 밖이라고 오인할 때가 많다 통증을 정의한 지문은 어디에도 없는데

눈을 감으면 수만 개의 가시가 우수수 몸을 일으킨다 입을 틀어막는 배우는 숭고하다 떠나간 여자는, 떠나간 가게는, 떠나갔지만 남겨진 장애는, 그것을 연주하는, 악보는 어디쯤에서 안녕할 것인가 마지막 풍경은 카메라 눈동자가

형상을 각인하듯 여덟 번째 동굴 속에 깊숙이 각인되어 있다 그러나 나는 나의 얼굴이 잘 떠오르지 않는다

　집행을 당하기 전 내가 먼저 나를 집행해야 했는데

　뚜껑 없는 동굴 안으로 죄가 폭우처럼 쏟아진다 아직 인간의 껍질을 버리지 못한 슬픔으로 10분에 한 장씩, 하루에 144장의 제문이 필요하다 이것이 타인과 다른 나의 영역이다 악보는 배달되지 않는다 의자는 배달되지 않는다 현란한 몰락과 빛나는 절망만이 당도할 뿐이다 가시덤불도 그렇게 완성된다

　분향은 계속되고 나는 시집을 찢어 뒷면에 삼차 함수와 도달하지 못할 변곡점과 열아홉 단계의 교차방정식을 풀어낸다 동굴 속에선 풀지 못할 함수가 구원이 될 수도 있다는 걸 오래전 경험한 적 있다

　풀어낸 함수 위에 축문을 써 내려간다

나를 스쳐 간 이들이 동굴 속에서 변이계수를 설계하며 절벽을 구상한다 하지만 세계는 여전히 행복하고 화려하다 홀로 침묵을 팔고 홀로 침묵을 사는 구간, 내가 실수로 엎질러버린 계절은 리터 규모 6의 강진 같은 것일까

폐렴과 폐인은 어디서 어디까지 구간입니까
동굴은 어디서 어디까지 무너지고 있습니까
분노의 끝에 슬픔이 매달려 있다고 했는데
누구의 눈과 입이 슬픔을 점유하여
소멸을 매매하고 있습니까

　사랑을 잃고 발이 아홉 개 달린 괴물이 절벽 아래에 있다 나를 껴안고 울던 아버지들이 이젠 괴물을 끌어안고 흐느낀다 내 그림자가 먼저 절벽 쪽에서 나를 배웅하고 있다 자정의 동굴은 가장 어두우면서 적확하다 메카는 천 년 후의 새벽처럼 아득하고

제3부

모래시계

    그러니까 이건 난해한 스토리다 시간이 감금된다는 것, 지평선이 허물어진다는 것, 아무리 버둥거려도 네 안에선 꽃이 피지 않는다

    믿기지 않겠지만 네 운명은 사막을 건디는 것, 주위를 돌아봐도 어머니가 보이지 않는데 너는 수북했겠지 전생에선 낙타와 은빛 여우가 네 심장에 고독 같은 족적을 남겼겠지 뿌옇게 흩날리는 허구들,

    그건 너인 동시에 나였다 그즈음 거대한 언덕이 또 다른 너와 나로 분열되며 무너져 내리고 있었다 그 불가해한 지대에서

    바람의 몸을 빌려 이곳에 갇혔다 그리고 윤회, 이제 더는 세포분열이 없을 것인가

    그러나 네가 속한 이곳도 블랙홀, 네 원적에선 아직도 푸른 두건을 두른 자들이 몸을 횡단하겠지만 이곳에선 알몸

의 안구들이 네 몸을 횡단한다 너는 죄명도 없이 유죄다 눈들이 헉헉거리며 너를 가늠한다 어떤 눈은 탈레반처럼 날카롭다 어떤 눈은 대상처럼 탐욕적이다 그들의 눈 또한 주르륵 흘러내린다 폭염과 침묵 속에서

  흘러라 흘러,
  삭막한 육신이여,

  너는 사막을 허물어 나의 무덤을 짓는다 이젠 내 차례다 내 몸을 뒤집어 네 무덤을 지어주마

  눈들이 주목하고 있다 우리의 난장을, 소멸을, 이해할 수 없는 순환을

스노우 볼

국경도시

위로 궤도를 이탈한 눈이

내리고 있었다. 내 몸은 욕망과

순수만이 혼재되었을 뿐이었다. 구원

없이 작곡된 레퀴엠처럼. 내상을 입고

피 흘리는 눈동자 곁, 흰 꽃들이 수북하

게 피어 있었다. 계절을 지운 식물의 비밀

에 관해 염려하지 않았다. 이국의 음률로

채색된 불빛들, 좌표를 잃은 것도 그곳에

흘러든 것도 포즈에 불과했다. 허공의

방, 밀폐 내부의 또 다른 밀폐. 기억

하고 있었지만, 기억을 잃어버린

처음이 적주赤酒 속에 담겨

일렁거렸다.

한 번도 의지로 겨울을 설계한 적 없어요.

월경한 이들에 의해 엎질러진 풍경, 다친 꽃은 여전히

줄기 속을 흐르며
욕망했지만 태엽은 통증을 감고 있었고 눈보라는 그치지
않았고

   음악이 다 풀리면 태엽이 멈춰야 했지만 그녀는 금세 녹아버릴 눈꽃 모양 위태했다. 흐린 날 눈빛처럼 아득하던 적주. 유리에 부딪히는 눈을 바라보다 고독도 모아 태우면 저렇게 흩날릴 수 있을 거라 생각했다. 갈빗대 사이에 박힌 고드름. 음률이 와류를 일으켰지만 침묵은 계속되었고 투시되지 못한 불빛만이 국경을 건너고 있었다. 엎질러진 사연은 증발하지 않는다는 지문이 심장 근처를 스쳐 갔는데⋯ 새벽녘, 나는 유체처럼 외부였다. 문득 돌아본 저편, 힘없이 흔들리는 손이 보였다. 인적 하나 없는 희뿌연 원형 속에서

게헨나
— 한 지옥에서 다른 지옥으로 건너는 게 죽음일 거라고 오늘 밤 기록한다.

1

풍 맞은 아버지에겐 방문 밖이었고 나에겐 방문 안이었다.

2

오 년 동안 S와 갈 데까지 다 갔다. 그해 봄, S가 갑자기 사라졌다. 그리고는 2년 뒤 가을비 내리던 날 유부녀로 나타났다. 나는 그 봄부터 그 가을까지 밥 먹고 똥 누고 잠자고 생물학에만 충실했다. 머잖아 설악산 가을이 쓰러졌고 쓰러짐을 배경으로 모르는 여자랑 사진을 박았다. 니는 벌레도 어쩌지 못할 위인이지만 간혹 아내 목을 조르는 상상을 하곤 한다.

3

권 반장이 윤 반장 아내와 야반도주를 놨다. 권 반장은 허리 아래에 지옥 한 개를 더 건축한 것이고 윤 반장은 머리에다 지옥의 도면을 옮겨 놓은 셈이다. 권 반장 아내는 농약을 마셨지만 죽지 않았다. 그녀는 오늘도 생지옥을 허우적거릴 것이다. 혹 지옥탈출에 성공했더라도 그녀는 밑

음의 딸이므로 자살=지옥의 등식에 의해 그 결과 값은 같게 된다.

4

장미꽃도 지옥에서 왔다. 타오르는 불덩이를 온몸으로 밀어내며 죽음을 게워낸다. 당신도 이 지옥을 건너가면 저 지옥에서 장미나 영산홍을 게워낼 수 있다. 잘하면 미친 꽃도 게워낼 수 있다. 꽃을 함부로 꺾는 것은 무의식 안에서 지옥이 꿈틀대기 때문이다.

5

죽지 않고 혀만 자른 오대수를 위해 울어주곤 했다. 그는 지옥을 향해 나비처럼 가볍게 날았어야 옳았는데 나비 대신 괴물이 되었다. 어떤 경우엔 유황불 펄펄 끓는 게헨나도 구원일 수 있다. 오이디푸스는 신에게 구원을 받았지만 오대수는 벌레에게도 구원받지 못했다. (흑흑)

유리 고양이

　나는 위험한 영혼이다 눈동자 안으로 그림자와 그림자 아닌 게 들락거린다 놓쳐버린 새들이 후드득 난다 첫 번째 주인이 골목에서 나를 분실하고 유령처럼 지워지던 저녁도 나는 앞발을 얌전하게 모은 채 어떤 울음도 울지 못했다 창백한 낯빛의

　두 번째 주인은 늘 어둠의 빗장을 풀어헤치며 귀가했다 검푸른 물기가 그득했다 그가 나를 물끄러미 바라보면 내 투명한 심장 안으로 무거운 그늘이 스미곤 했다 그가 속한 구간의 입자들은 대체로 나와 성분이 같았다 그러니까 창과 액자와 거울과 박제된 별들의 표정은 자주 위태했다

　어떤 날이면 그는 화분처럼 미동이 없었다 또 어떤 날이면 의문의 약을 삼키기도 했다 그러던 추적추적 비 내리던 자정, 벽 아래에선 깨어져버린 별들이 수북했고 그는 말기 환자처럼 허물어져 어깨를 들썩거렸다 나도 울음이 몸 밖으로 흘러나오려 했지만 표정 없이 속울음만 야옹— 야옹— 울었다

그가 새벽까지 귀가하지 않는 밤이면 내 눈동자는 창틀에 뛰어올라 그를 기다렸는데

 언제부턴가 그가 초점 없는 눈으로 나에게 말을 걸어올 때가 많아졌다 그의 동공 속에선 엉킨 문장이 불규칙하게 흘러 다녔다 어쩌면 그도 나의 언어를 닮게 될지도 모를 일이었다 그도 나처럼 영혼이 위험하기에

 어느 날 문득 그의 몸이 쨍그랑 깨어질지 모르겠단 생각을 하곤 했다
 그런데,
 나는 지금 몸이 없다

다음에서 머리카락을 바르게 설명한 것을 전부 고르시오

전제;

감정과 신앙의 상태에 따라 직모 혹은 곱슬이거나 빛깔이 다르다 어느 경전에선 무명초라는 식명으로 표기되어 있다 생물학적으로 사망판정을 받았는데 아무도 몰래 자라기도 한다

1) 알몸

시아 무슬림 여자들은 히잡을 쓴다 머리카락을 드러내는 것은 몸의 가장 은밀한 부분을 보이는 거라 여기기 때문이다 유부녀 머리카락을 쓰다듬은 자쿠라마데 손이 몸과 분리된 것도 그러한 까닭이다

2) 어둠

어둠의 올을 엮는 손이 보인다 한 올 한 올 무표정하게 엮는다 피난민이 순식간에 고향을 떠나듯 여자는 사라져 가던 자신의 머리카락 전부를 배웅한 적 있다 다시 병동 안, 흰 가운이 재발하였다고 알려 준다 창밖에는 흑발처럼

비가 내린다

3) 눈물

　머리카락의 근원은 몸속에 고인 눈물이다 머리카락이 빨리 자라는 것은 눈물이 홍수처럼 넘쳐서이고 백발이 되는 것은 눈물이 결빙되어서이다 머리카락이 우수수 빠지는 것은 눈물이 끓어 증발하기 때문이다

4) 통증

　머리카락을 흘려놓고 떠난 여자는 통점이 무수하다 여전히 제 머리카락을 배회하고 있을 여자의 몸은 절반이 유령이다 배수구를 틀어막은 머리카락 뭉치를 끄집어내니 고통이 고통을 단단하게 부둥켜안고 있다

5) 유물

　머나먼 미래, 외계인이나 아직 떠나지 못한 지구별 미래인이 발견한 머리카락은 생경한 유물일 것이다 진화는 무한한 털 뽑기의 과정… 흐느껴 울던 누군가의 머리카락을

쓰다듬던 손길을 추억해낼 수는 있을까

실조

1. 마지막 날

 몇 장의 그림자를 비틀어 죽이고는 여자의 공간에 이르렀다. 우리의 시간은 이미 오래전 삭제되었기에 약속 따위는 무의미했다. 유부녀가 된 여자, 흐린 눈빛은 빗물 속에서 방향을 잃은 채 허우적거렸고 한때는 새들을 담았던 입술 안쪽에선 젖은 화음이 흘러나왔다. 간혹 치정, 타살 같은 활자를 수신할 때면 죄인이 되었지만 내가 벌레도 죽일 수 없다는 걸 그 여자의 신은 잘 알고 있었다. 나의 소멸은 이미 천 년 전에 예비된 것이었다.

 내가 자주 허공을 올려다보는 것은 어두운 하늘이 흐르고 있기 때문이 아니라 버림받은 짐승은 천천히 죽어가야 하고 그곳이 무덤이라는 것을 잘 알기 때문이다.

2. 그날 이후

 비가 자주 내렸다. 비는 나를 끊임없이 분해했다. 빗물에

잘게 분해되어야 병이 덜했지만 멘탈Mental은 이상 없다고 의사는 말하였다. 하지만 나의 전생이 늦은 가을 혹은 겨울 입구였음을 누군가가 은밀히 일러 주었고 습한 낙엽처럼 쌓인 약봉지 속 알약들이 일용할 양식이었다.

3. 병동

폭우가 쏟아지던 그 밤, 2인 병실은 어두웠고 먼 도시로부터 리터 규모 3.5의 지진이 탄성파로 달려오더니 병동의 뿌리를 통째로 흔들어 댔다. 그러자 옆 침대 말기 환자의 언어도 병실 벽 사방에 날카롭게 부딪혔다. 자정이 지나면서 그와 나의 영혼은 하나로 뒤엉켜 천장으로 튀어 올랐고 세상의 빗물은 현세 이전의 아득한 곳을 향해 무서운 속도로 질주하였다. 사방이 물이었고 사방이 젖었지만 목이 말랐다.

새벽녘, 그와 그의 영혼 모두 허옇게 뒤집혀 있었다. 조금의 미동도 없이

4. 추억

 빛바래 기울어진 바닷가, 내 손이 여자의 어깨 위에 위태롭게 얹혀 있다. 사진 속에서 바라본 사진 밖의 나도 무척이나 위태롭다. 나는 자주 기억 속에 유폐된다. 그러므로 양 떼에게 밤을 점령당한다. 비좁은 방에도 옷장 속에도 양 떼로 수북하여 호흡이 가쁘다. 내가 겪은 숱한 풍경들엔 대체로 물기가 배여 있다. 무엇이 비를 몰고 다니는 걸까. 내가 나를 망각하는 날, 누군가에 의해 내 영혼은 해체되어야 한다. 내가 간증할 수 없다면 타인에 의해 간증돼야겠기에

 그녀가 아기를 뺐다고 하였다.

안개보다 더 흐린 새벽의 레퀴엠

　겨울을 복원하는 음악 들어본 적 있나요? 그리운 이의 눈빛은 떠오르지 않는데 감춰 놓고 간 음률은 자주 태어납니다 귀가 파랗게 죽어버린 나는 어쩔 수 없이 아— 하고 입을 벌립니다 몸속에 웅크린 채 동면하고 있던 소년이 슬며시 빠져나와 내 몸을 켜며 연주합니다 몸은 미완을 연주하기에 적당한 악기지요 그렇게 젖은 눈은 비가처럼 내리고 미사도 시작되고… 그런데 미사는 떠난 이를 위한 게 아닙니다 어제와 오늘 그리고 앞으로도 있을 눈물을 위함입니다 죽지 않고 날것으로 흩날릴 눈물, 나는 다시 입을 아— 하고 벌립니다 열두 살, 열세 살, 열네 살… 내가 정연히 등장하여 합창을 합니다 누선을 자극하는 음표의 흰 대가리들, 입에 관한 몇 가지 오해, 잘 알고 있습니다 음용을 위해 설계된 게 아닌 울음의 출구라는 사실을, 어떤 세계에선 귀도 출구가 될 수 있겠지만… 어제는 새벽까지 켠 게 내 몸이 아닌 걸 알았습니다 겨울 속에 심어둔 아버지, 흔들리며 꽂혀 있었습니다 "애야, 조금 더 거칠게 켜주려무나 응" "아버지, 이제 고요히 계셔요 제발" 아, 그런데 아버지를 켜던 소년도 결국 아버지였습니다 고요는 눈밭 속에서 자꾸만

펄럭였고

어제
― 하나의 절망이 가고 하나의 절망이 흘러오던

잠들지 못한 어둠마다
폭우가 쏟아졌다
비는 포말이 되어 끓었고
그러한 어둠 저편,
사자死者가 버린 눈알 속에서
내 어린 날,
눈물 흘러가는 게 보였다
말보다 울음을 먼저 배웠던 게
금번 생에서의 가장 큰 실패,
한 번 흐느낄 적마다
누군가의 손에 끌려
먼 대륙의 우기에 다시 또 다녀와야 했다
띄워 보낸 종이배 행방은
아무도 알려주지 않았고

천칭좌—Zubenelgenubi

· 그대는 밤을 깊숙하게 짚어보며 자신의 별자리로 떠나본 적 있는가?

· 내 문장이 길게 풀어지는 것은 어느 날 문득 내 별자리가 한없이 그리워질지도 모를 일이기 때문이다

· 짧은 멜랑콜리만 '시'라고 예단하는 당신은 여기까지만 읽어도 밤에 당도할 것이다

— 1

나는 적도 부근 어둠에서 왔다 한때는 전갈자리의 집게발이기도 했지만, 늦가을 귀퉁이에 추락하여 겨울을 저울질하며 겨울을 불러들이는 게 내 운명이었다 시원에서부터

내가 습득한 것은 울음이었는데

그것은 남색으로 흐르는 강물을 별 속에 풀어 넣기 위함이었다 할머니와 아버지와 어머니의 별자리가 모두 달랐으므로 불화에 익숙해지는 것엔 긴 시간이 필요치 않았고 허기는 술렁댔다

오랫동안 진창을 독학했고 진창은 사방에 널려져 있었다

그 외의 시간엔 잠들었다 잠은 허기를 속이고 지도를 저장하는 장치이므로

　— 2
　할머니는 별자리를 귀신만큼 정확하게 짚어냈다

동짓달 한천에선 어린 별들이 우후죽순으로 자라났다 다시 바람에 실려갔다 그 무렵, 노인과 아이들이 자주 지워졌고
　어둠이 내리면 할머니는 장독대에 당신의 영혼을 수장시켜 놓고 주술을 풀었는데, 그런 행위는 별빛을 박제하는 일이었다 그러므로 내가 속한 구약舊約은 할머니였고 장독대는 가계의 이교였다

애초부터 신약新約은 나의 문명이 아니었기에 즐겼던 예술은 종이비행기를 접는 것이었다 비행기를 접을 때는 말을 지워야 했다 날개에서 묻어져 나오는 균형을 수신하기 위한 예의는 묵언이므로

때가 오면 팽팽한 균형 위에 내 흐린 영혼을 싣고 본향을 향해 이륙할 거라는 게 나의 신앙이었다

진창의 날들 안에서 날개를 접고 있으면 헛배가 부풀던 별자리…
그 속에서 내 사랑이 늙어가고 별의 호흡이 북풍으로 변이되어 숲으로 몰렸다 이에 대해 진술을 하는 것은 회색 고양이와 소녀의 이야기만큼 진부하므로 더는 진술하지 않기로 하겠다

문을 닫아도 영하의 산기슭,
그 무렵까지 지구별 주민증을 열한 번 옮겼다 아버지와 어머니는 노동판에서 얼었다 녹기를 반복했지만, 별자리 계산은 세계世系 밖의 일이었다
밤에 아버지 곁에 누우면 죽은 식물 냄새가 흘렀고

어둠을 사랑한 여신은 늘 귓속에 거주했다 바람 우는 밤이면 나는 이불을 뒤집어쓴 채 귀를 앓았고 이불 속은 섣달

그믐보다 더 캄캄했으며 몸통은 잠들고 동공은 새벽까지 불면이었다

  내 눈의 충혈은 그때의 습성에 다름 아니다 이 사실을 금세 눈치채는 사람을 만나면 나는 뒷걸음질 치면서 눈동자에 젖은 바람이 번진다

  아버지는 자주 집을 비웠는데

  어느 밤, 예고 없이 흐린 주소로 이적했다 아버지의 눈을 감기기 전, 마지막 바라본 눈동자엔 별자리가 실종되고 없었다 좀 더 일찍 알았어야 했지만 그림자의 손가락은 길었고

— 3

  이주한 곳은 늘 검은 허공에 닿은 곳,

  신의 은총이라 여겼으므로 교회당 옆에서 돌탑을 쌓으며 염불을 찬송했다 친구들이 산 아래 상급학교로 진학을 해도 나는 저 높은 곳만 향했는데…

  그즈음 강물이 사막을 건너기 위해 별 속으로 스며든다

는 사실을 눈치챘다 동생의 구슬이 반복적으로 없어졌고 내 별자리 또한 우주 구석까지 흘러갔다 돌아오곤 했다

 동생은 물빛자리였기에 언젠가 수몰될 터였다 동생이 바닷가에 위치한 결핵요양원으로 떠난 후부터 문방구에서 야광별을 훔쳐와 앉은뱅이책상 밑에 붙였다 동네 형들에게 길을 물을 수는 있었어도 구원에 대해서는 침묵했기에

 불을 끄고 책상 아래로 기어들면 동생의 별이 귀뚜라미와 함께 희미하게 울었다
 귀속으로 흩어져 날리던 빗물,
 어떤 날은 동생의 별자리가 나를 관찰하다 나의 폐에 수상한 색깔을 불어넣기도 했다 그러다 어떤 별은 낡아졌고 또 어떤 별은 추락했고

 지구별은 진화를 멈추지 않았으므로 진화와 진화 사이에서 늙은 아이들이 무표정하게 결빙되었고

― 4

별을 그리는 여자들을 만났다 그녀들 눈 속에도 별자리가 거주했다 나는 그것들을 만지작만지작하였다 나뭇잎이 빠르게 시들었고

― 5

병실이 성지였던 날들도 있었다

밖이 안쪽보다 아늑해 보였지만 실은 밖도 안도 경계였다 흰 가운은 규칙적으로 성지순례를 나와 선교하곤 했다

겨울밤 달빛이 푸르른 남빛은 마치 밤에 사파이어가 반짝반짝 빛나는 것처럼 당신을 고백할 때 푸른색 별을 선물한다면 당신의 시간에 대한 진실성을 우주에 그대로 전달할 수 있으며 순수한 병을 앓게 될 것입니다 이것은 제우스와 여신과 바다의 신이 내포한 병증에 대한 관계이며 완전성입니다

물병자리나 물고기자리를 병실에서 만난 적은 없다

그들의 신화는 성지 밖에 존재했으므로 아프로디테만 탐구했다 시와 음악과 미술은 그것의 변종이었기에 병실 벽면에 음악을 판각했고

— 6
지구별이 다시 겨울에 진입했다

얼마 전, 제 별자리로 돌아간 누군가는 새벽녘까지 술을 퍼마시고는 도로 난간을 향해 빛처럼 질주했다 한다 천체 밖으로의 탈출 같은, 우연한 사고 같은, 혹은 음모 같은 것들이 함께 몰려다녔지만 건네받은 희미한 웃음과 건네준 모호함만이 기억으로 명명되었다 그것도 순간에 지나지 않을 테지만…

밤 허공,
보이는 별과 보이지 않는 별에
아름다운 눈이 펑펑 쏟아진다

겨울에 몇 번 더 당도하면 내 별자리는 좀 더 가까워질 것이다 우주가 설계한 우연에서는 점점 멀어져 가겠지만 신전은 무너지고 또 세워지게 마련

별자리는 기억을 먹고 운항하기에
나는 기억되지 못할 테고

제4부

최초의 정의

지금, 내가 전하고자 하는 말은 누구도 모르는 비밀이며
아무라비족의 벽화 같은 것이며
유통기한은 물론 공소시효나 소멸시효 따위도 존재치 않는
예수와 붓다의 경전보다 더 숭고한 진실의 언어이다
이러한 것에 관해 새와 풀꽃과 우물과 물푸레나무와 아름다운 비단뱀에게조차 나는 말하지 않았다
물론 진실에 관해 사유하지 않더라도
침대 위에서의 사랑과 생리현상의 해결과 블랙커피를 음미하는 것과 무협지를 읽는 것엔 하등의 지장이 없다
노을 속에서 개와 유유히 산책하는 것과 샛노란 은행잎 사박사박 떨어지는 가을을 감상하는 것에도 장애가 없다
그대가 속한 제국은 호흡을 멈추기 직전까지도
그대를 참으로 정의롭고 공정하게 대할 것이다
혹여, 그대 별자리가 운이 좋은 편에 속한다면
사후까지도 제국으로부터 은혜로운 다스림을 받기 위해
무덤에서 부활하는 영광을 누리게 될지도 모를 일이다
그러니까 그대가 아직 생물이 아니었을 적

누군가가 그대 아버지 뺨을 후려갈겼다

누군가가 그대 아버지 앙상한 정강이를 걷어찼다

그대 아버지는 화살에 꽂힌 짐승처럼 무너졌고

사나운 발은 무너진 그대 아버지를 밟았다 지근지근 으깨어지도록

그런 다음 그대 아버지 주머니에 소중히 넣어둔

사과와 조약돌과 봄이 오면 뿌릴 꽃씨를 강탈했다

그러고는 법이 신속히 제정되었다

그대 아버지를 바닥에 무너뜨린 자는

시신처럼 널브러진 그대 아버지 흐린 귀에 대고 나직하지만 단호하게 속삭였다

"자, 이제부터 당신은 법과 원칙을 준수해야 해, 안녕과 질서를 위해 순수하고 정직해야 해, 그래야만 인간답게 살 수 있는 거지"

그날 이후 그대 아버지는 감격에 겨워

순진무구 어린아이처럼 법을 준수하며 한 끼 밥을 벌었다

최초의 정의는 그렇게 탄생하였다

최초의 원칙도 그렇게 탄생하였다

그림자극

나는 와양입니다.

신의 눈물이 내게 닿은 줄 알았는데 신의 뒤편에 절벽이 있었고 나는 그 위에 얹혀 있었습니다. 그리고 내 뒤편엔 밧줄이 있었고

나는 연출자로 오인하며 흘러왔습니다. 누구의 머리칼도 쓰다듬어 주지 못했습니다. 믿기지 않겠지만, 타밀나두엔 여전히 뜨거운 눈이 내립니다. 그러니까 마지막 낙엽이 추락하고 그늘마저 결빙되던 그 저녁,

나는 그림자와 분리되었습니다. 심장엔 지진이 일었고 나는 적도의 유적처럼 허물어졌습니다.

생물도 무생물도 아닌 것으로 선고받던 그날,
울음이 순서대로 다녀갔습니다. 그러나 수도자는 없었고 구원엔 어떤 기도도 없었습니다. 그저 형장을 향한 발만 가득했을 뿐이었습니다. 아이누비처럼 흐느끼던 죄수의 후면

같던

　영혼을 수거하지 못한 나는,
밤이면 입구와 출구에 알코올을 들이붓습니다.

　낯선 눈동자들이 내 그림자의 두께를 측정합니다.
귀를 제거했는데 어둠이 자꾸만 고이고 있습니다.
이젠 고백해야 할까요?
그저 연약한 배후였을 뿐입니다. 용서하십시오.

　목 위의 형상은 내가 아닙니다.
우울한 얼굴 하나가 내 목에 얹혀 울먹입니다.
창백한 얼굴 하나가 내 목에 얹혀 흔들립니다.
분리된 몸이 가시넝쿨을 넘고 있습니다.
목 없는 배우가 나인지 내가 배우인지
도무지 알지 못하겠습니다.

　　附記) 그림자국은 그림의 자국을 남긴다는 것, 기억은 희미하지만 내가 기록한 지문일 것입니다. 스무 번이 넘는 겨울 동안 스무 번이 넘는 대본을 작성했습니다. 그런데, 도체 나는 왜 분리되었고 지금의 나는 누가 기록하고 있을까요?

눈 없는 얼굴

정말 다행입니다 눈이 없어서

기억 아득한 곳에 머물 그대는 목마를 낳고
고양이를 낳고 드디어 나를 낳았지요

계절은 묵시록처럼 불안했고
실낙원이 그러했듯 그대의 손가락은
슬픔을 판각하다 그 옆에서 순교했습니다

삼위일체처럼 그대는 새의 날개일 수도
오래전의 내 호흡일 수도 후생의 어떤 저녁일 수도 있겠
군요
혹, 사마리아 여인을 낳지는 않았나요

그대의 피가 흐르는 나의 몸도
사람의 남자를 사랑하였습니다
사람의 남자를 사랑한 죄로 눈은 금지되었습니다

닿을 수 없는 창가에서 모르는 눈이 울고 있습니다
그러나,
다행입니다 그대를 볼 수 없기에
다행입니다 눈이 판각되지 않아서

고양이와 목마의 그림자가 무겁게
가라앉는 밤,
몸속에 천 개의 물방울이 맺힙니다

지은 죄는 잘 보존될 것입니다
우울한 무늿결로 혹은 고갱이로

내 심장 근처엔 깨어진 유리조각들이 흩어져 있습니다
죄송합니다 사랑해서

통각 잃은 얼굴이 자꾸만 시립니다

* 〈눈 없는 얼굴 이별〉 부분/ 피나무 / H 40cm / 2008 홍경님.

낯선 유전자 Pool로

그대가 관찰한 나는 외계이다 물리학자가 관찰한 나도 그렇다 이기적 자기복제로 외계에서 생성되었고 또 다른 외계로 향하고 있기에 어떤 진술도 오류가 없다 누군가가 나를 학습하려 한다면 윤리만큼 진부한 자식을 잉태할 것이다 십자가를 거꾸로 매달면 별 뒤편에서 결빙된 안구 부스러지는 소리가 들린다

별빛을 해독한 누군가의 기도,
― 거룩한 신이여, 거부합니다 오염된 성령의 세례

가계의 생존기계(svival machine)들은 단명했기에 나의 운항 또한 짧을 것이다 지워진 이들의 자전속도를 떠올린다 그들은 모두 영문도 모른 채 왔다가 비선형적으로 살다 갔다 통증이 두려웠지만 통증이 그립기도 했다 밤하늘 어느 별자리 우울하게 피어난다면 그곳은 나의 본향, 일요일이 지워지고 침묵일이 시작되던 날 엽서가 왔다

이미 낡아 버린 소녀,

— 당신이 버려둔 방에선 존재 이유를 스스로 밝혀낸 식물이 무럭무럭 자라고 있어요 그것은 늘 수석을 놓치지 않지요

— 그건 식물이 아니란다 머잖아 빙산처럼 딱딱하고 거대해지지 계속 물을 뿌린다면 너의 별은 빙하기가 될지도 몰라

운항하고 있는 나와 그대는 충분히 멀다 하지만 밤 열누 시와 새벽 한 시 즈음의 거리일 수도, 팔을 뻗어 닿을 수 있는 지점에 당도하면 한 줌 먼지일 수도, 하지만 염려하지 않기를, 그것은 플라스마에 다름 아니니

오늘 밤엔 눈물의 종착지에 가닿으면 후생이 읽힌다거나 휘파람이 은하에 고이면 애인의 밈meme이 완성된다는 종교로 개종하고 싶다 별들은 흐리고 고적한 문장이 망막에 맺힌다 몇 줌 기억이 혈액처럼 뜨겁게 만져지고

한 마리 사막
— Macrovipera lebetina*

치명적이었다
철판처럼 달구어진 바닥을
알몸으로 기며 왔다 독하게 외롭고 쓸쓸하고
모든 게 흑백이었다
쇳가루처럼 날리는 낮과 죽은 새 눈깔처럼 고적한 밤
목적지를 몰랐기에 길도 없었다
누가 내 혼을 여기다 갖다 버린 걸까
수분이 말라 울음이 나오지 않는다

굴레여, 천형의 육신에도 날개를 달고 싶었다
그러나 한 조각 비늘도 깃털이 되지 못했고
적도처럼 끓는다 어제는 60도 오늘은 75도
신기루를 건너면 현기증 현기증을 건너면 신기루
태양이 지글거리며 다른 태양을 끌고 오듯
사구의 그림자가 끝없이 사구를 끌고 온다
바닥이 알 수 없는 곳으로 스르륵 떠나가고
바닥이 알 수 없는 곳에서 스르륵 흘러온다
모래 알갱이 틈으로 오래전 사체 향기가 빠져나온다

사랑이 왔다 간 적이 있기나 했던가

내 눈은 뜨거운 노을을 벗겨 낸 서슬,
언제부턴가 칼이 자란다
입안에서도 앞니가 송곳처럼 예민해지고
자주 독이 맺힌다 한 방울 두 방울
치명적인 갈증,
그렇게 한 마리 사막이 되어 가는데

검독수리가 머리 위를 빙빙 맴돈다
곁에는 속을 파 먹힌 짐승이 널브러져 있고

나는 대가리를 꼿꼿하게 세운다

* 사막독사.

사이클에 관한 견해
— M, C, Escher의 도마뱀

이것은 당신과 나의 어지럼증에 관한 기록입니다

내 영혼도 중력이 없습니다 당신처럼
처음을 모르는 나는

분이된 또 다른 나와 어떤 여백도 없이
잠들지 못하고
당신은 시간 반대편을 순환합니다
우리의 묘사는 끝일 수도
어쩌면 처음일 수도 있습니다
당신이 순환을 지속할수록 내 몸에서 색깔이 빠져나갑니다
착시를 잃는 당신, 내가 발견되고 있나요?
나는 백반증 환자처럼 창백합니다

우린 왜 파충류로 설계된 걸까요?

옮겨 놓은 술병과 술잔이 보입니다
취한 화가는 그림 안에서 문장을 데생하고

나는 가상과 현실을 분간할 수 없어
비틀거립니다

그런데…
내 여행에 목적지는 당신이 아니라
알 수 없는 도형* 속을 떠다니며 퍼즐을 맞추는 여인입니다
그녀는 아득한 곳에 머뭅니다

나를 순환하는 당신처럼 내 영혼도 그녀를 순환합니다
화가가 파충류를 부화하던 청담 빛 바다
그 언덕에 그녀가 머물고 있을 것입니다
그녀를 중심으로 바람이 순환합니다
풍차가 순환합니다
고독한 내 휘파람이 순환합니다
그러니까 나는 당신과는 반대편입니다

모호한 기호를 사랑하는 나와
나를 순환하는 당신은

슬픔이 빈틈없이 메워져 있습니다
그리하여 내 영혼은 실체와 실체 사이의 관계를 헤매고
당신은 나를 순환하다 어느 저녁 예고 없이 조우합니다
그러나 우린 서로를 알아보지 못합니다

그러므로 당신은
당신 목소리를 들으며 사라지고
나는 내 목소리를 들으며 사라지는 중입니다

* 무너진 가상과 현실의 벽. 순환하는 도형. 그건 환영이 아니다. 도망치려다 갇힌 기억이 보인다. 얇은 도화지처럼 위태했던 시간, 하지만 나 이외의 질서는 정연하고 심장만 깨어지려 한다. 고백하자면, 내 눈은 어떤 예술도 완성하지 못한 채 몰락하는 중이다. 다른 도형과의 결합을 모색했기 때문이리라. 공간과 시간과 벽의 질서를 외면하기로 한다. 경계해야 할 은유인 까닭에. 수분이 맺힌 문양이 내 얼굴을 삼키고는 기하학을 풀어낸다. 지나간 파충류를 위해 기도하지만 봄은 여전히 겨울 속에 갇혀 있다. 도형을 설계한 자를 오차 많은 누군가가 증오하리라. 아침의 빈혈은 저녁까지 계속되고 내일도 그렇게 순환할 것이다. 나는 아무도 오지 않는 화실 속, 버려진 데생처럼 자꾸 희미해진다.

시안

1. 시안으로 떠난 당신

당신이 떠났다 김현과 김수영에 관한 텍스트를
나에게 건네주고
떠났다 시안으로

당신이 그렇게 떠나간 후
나에겐 시안과 시안 아닌 것만 존재한다 그러므로
내 사유는 시안에 관해서만 머문다
시안,
내가 경험한 적 없는 사진으로도 본 적 없는
생경하고 아득한 곳
서역의 문이 열린다는 환유적인 지대
너무도 아름다워 고통스러운
시안,
나는 애초부터 스승이 없었기에 어떤 영향도 받은 적 없는
그래서 동의한 바 없는 김현과 김수영
그들은 그곳을 체험했을까?

당신은 혁명을 위해 시안으로 떠난다 했고
나는 떠나지 않았다 하지만
나는 시안 밖에서
시안만을 고민하기로 마음을 굳히는데

TV 안쪽 매혹적인 기상캐스터가 내일은 안개가 자욱할 거라 예보한다
시안은 일기가 예민한 곳 그러므로
시안엔 이미 안개가 흐를지도 모를 일
천 년의 애증처럼 흔들리던
당신의 눈,
그 속으로도 안개는 스며들고 있겠지
산산이 부서지고 싶다던 당신의 문장은 잘 자라고 있을까?
아, 그런데 나는 왜 이렇게 시안에 집중하지 못하고 횡설수설인지…
얽히고설킨 나를 위해서라도 반드시 시안에 몰두해야 한다

TV를 꺼버리고 나는 다시 시안에 집중하기로 한다

텍스트를 출산한 이들과 혁명을 꿈꾼 이들이 머물렀을
시안,
이백, 두보, 쇼저, 모옌, 문학을 사랑한 덩샤오핑까지
어쩌면 톨스토이와 그가 출산한 안나 카레니나도 시안을 동경했을지도
위대한 시안,
그곳에 있는 당신 또한 허리가 풍만한
출산자다 당신 눈 깊은 곳에서는 통증이 나른하고
아직 태어나지 못한 텍스트가 자궁 안에 가득하다

발견된, 발견되지 못한
판각된, 판각되지 않은
당신의 텍스트가 비틀린 채 떠다닌다
… 비틀림은 위대한 예술, 혁명,
그러나
비틀린 채 매달린 내 심장은 위태하다
당신을 경험한 게
이번 생에서의 가장 큰 사고였다 위험한 텍스트가 흩어

져 날렸고
　나는 그 안을 헤매다녔다
　튀어 오르거나 바람처럼 날리던 이면
　살쾡이 눈 같은 저녁도 번득였고

　시안과 시詩안,
　문장을 혼숙시킨 포주,
　(…)
　텍스트를 출산하는 이들,
　텍스트를 중절하는 이들,
　텍스트를 안락사시키는 매정한 손들,
　시안의 당신도 계속 출산과 중절을 반복하고

　2. 불안

　시안은 온통 불륜인데 왜 시안 밖 나를 집행하려는 입들이 우글대는 걸까? 팔다리는 고혈압을 앓고 머리는 빈혈을 앓기에 내 문장은 자주 기울어진다 그러므로 나는 시안 밖

에만 거주한다 나는 시안을 등진 채 죽음을 맞을 것만 같다

   시안으로 떠나기 전
   당신은 늘
   당신의 무릎 쪽에 나를 귀가시켰다

그리곤 나를 무릎에 누이곤 했다 그러므로 당신의 무릎은 위태했고 당신 아버지를 복제한 자에 의해 포위되곤 했다 오늘 밤도 무릎 아래에서 태어난 당신 새끼들은 죽은 채 하고 있을지 모른다 시안에서조차 당신은 무릎을 껴안고 울어야 할 것이다 그러므로

   당신의 무릎은 시안에서도 시안 밖에서도
   감금 상태,
   예외 없이 저녁은 무릎의 멍처럼 검다
   구해줄까?
   미안하지만 시안 밖의 나부터 구해줘,
   제발,

밤이면 회색 꿈을 꾼다 시간 변경선을 넘어온 표절된 은유와 상징이 우글거린다 그게 그것 같은 입술과 언어들
투르크, 위구르, 허베이, 네이멍,
매혹적인 텍스트를 꿈꾸는
혀의 욕망,
욕망 또한 그 무엇의 모작이겠지
당신은 비행을 넘어 강렬한 혁명을 모색하지만 이번 생의 내 걸음은 대낮에도 충분히 위험하다

시안에 가지 못한 내가 나의 감정을 사찰한다
예고 없이 정지될 것 같은
심장,
몇 분이 지나지 않았는데 불이 꺼져버린
무대,
후생에선 극이 완성될 수 있을까? 아니면
시안에선 극이 완성될 수 있을까?
시안과 시안 밖의 구간에서 고통은 잠복하고

함께 몸을 섞던 문장들은 불안스레 펄럭이고
사형수의 마지막 구간처럼
입이 마른다
뇌내腦內의 불안들이 시안을 시안 밖으로 우—우— 밀어
내려 한다

그렇지만 나는 시안에 집중하기로
결연하게 마음을 먹는다
시안에는
텍스트를 단두대에 눕히고 담배를 피우는 입술이 보인다
늙은 문장과 시체時體 곁에서 병나발을 부는 입술도 보인다
편지 속 '안녕'은 얼마 동안 울먹였을까?
집행자의 혀에 욕이 덕지덕지 붙어 있다
전과가 많을 것만 같은 입술이다

나는 가능한 지점과 불가능한 지점에 관해 정신이 혼미
하다
본래가 아닌

본래의 아득한 근원을 사유할수록
　금역이 되어버린 구조들이 목을 짓누른다 허용과 불용의 틈에서 오물 같은 규범이 흘러내린다 그러니
　시안에 있는 것들이여, 시안에 없는 것들이여,
　내 목을,
　제발 좀 놓아줘!

3. 안개

　시안에 가보진 못했지만 나는 시안의 안개를 조우하기도 했다 그것은 백 년 전 시안의 빛깔일 수도 백 년 동안의 슬픔일 수도 있을 거다

　길을 잃고 소녀의 자막에 당도했다
　하얀 소녀,
　젖은 동공,
　그곳은 고요로 들어서는 문이었다 안구에선 소리 없는 의구들이 흘러나와 번졌다 엎질러진 어떤 날의 풍경처럼

그날은 세상에서 가장 긴 다리를 지나고 있었다 소녀는 가장 짧은 은유라고 알려줬다 그사이 몇 송이 풀꽃들이 생을 마감했고 새로운 시인들이 태어났다 다리가 끝날 무렵 소녀는 외투를 여며주고 지워졌다 소녀의 호흡만 떠다니던 다리 위, 뭔가가 응결되었는데

(…)

지나간 것들은 귀를 앓고 다가오는 것들은 침묵을 앓고

바람이 스스로 태어나고 지워지던 날도 어느 다리 근처였다 다리가 흰 알갱이를 모으고 있었다 그 속에서 미래의 당신은 고요했고 과거의 나는 불안했다 당신의 눈동자 속으로 맺혀지는 불빛과 지워지는 불빛이 스몄다 우리는 무슨 관계를 나눴던가?

새들이 추락했다
새들의 눈으로 바라본 당신과 나 사이의
거리,

습기로 축축했고
새들의 날개가 멈춰버린 곳에서
당신의 농도는 더욱 짙어졌다
밀려오고 포개지던
흰 빛깔들,
옆에서 자라던 나무가 느릿느릿 사라졌다
옆에서 자라던 사내가 느릿느릿 등장했다

시안과 연결된 강이었을지 모른다 소녀는 강물 속으로 걸어 들어갔다 한다 그곳은 불안한 시체時體만 술렁일 뿐, 물소리는 방언처럼 난해했고 물보라 속 눈알들이 하얗게 부서지며 죽어갔다 하지만 시체屍體 곁에선 누구도 죽지 않았다 죽어도 죽음의 혈액만 흘렸을 뿐, 인형의 눈동자가 죽지 않고 낡아지는 것처럼

안개주의보가 자꾸만 재생되고 있다 생각이 시안에서 도망치려 한다
시안,

풍경이 그림보다 아름다운
시안,
유령 같은 물안개가 술렁이고
시안의 당신은 고혹적이고 지적이고 생소하고
시안의 당신은 추하고 역겹고 진부하고
시안 밖의 나는 몸부림치고
시詩의 안,
시詩의 밖,
모두 혼란스럽고

4. 침묵

 이번 생에서의 울음은 시안으로 떠나지 못하는 몸의 지진으로 정의한다 이러한 사실을 당신이 눈치챌까 두렵다, 라고 기록하기로 하고 노트를 펼치는데
 그 속에
 당신이 시안으로 떠나기 전 건네준 메모가 접혀 있다
 "사랑의 가치는 그 문장 그 길이만큼?"

못마땅하지만 나는 거추장스런 언어의 껍데기를 빌려 입는다 달력 속의 여자는 터져버릴 듯 웃고 있고

　o 눈빛이 풀린 병실 형광등이 마음대로 나를 진단한다 밤이면 내가 낳은 텍스트가 병실을 비집고 들어온다 부패한 소리가 그득하다 링거의 수심을 짚어보며 적막과 동거하기로 다짐한다 폭염에 노출된 가축처럼 지나간 문장이 전부 폐사되길 염원하면서

　o 죽어가는 잎사귀를 묶어 텍스트를 쓸어버린다 분리수거조차 불가하다 어제 죽지 않았으므로 어제의 텍스트를 쓸어야 하고 내일 죽을 수는 없으므로 침묵하기로 각오한다 어느 해변에선 언어들이 하얗게 밀려오며 울지만

　o "사랑의 가치는 그 문장 그 길이만큼?" 메모를 짚어가는 내 눈은 몰락한다 어둠 속에서도 당신의 태양은 지지 않으므로 의구가 파랗게 자라겠지 그러나 지금 메모 밖에선 별들이 차갑게 흐르고 모든 나무는 소리 없이 어둡다

○ 의구가 생성한 이상기류로 내 몸은 열대를 앓고 심장은 곪은 사과 빛이다 침묵은 수천 개의 텍스트를 가지고 있어 침묵마저 봉인하고 싶은 밤은 계속될 거고

아, 시안에 대해서만 고민해도
이번 생은 마감될 텐데
(…)
노트를 덮고 계속 시안에 대해 고민키로 한다
시안에도 금禁요일이 있을까?
우리 내막은 목目요일이었지만
사건은 금禁요일에 완성되었다
금禁요일에 태어난 아기들은 제발 언어를 배우지 않기를, 그래서 어떤 문장도 짓지 않기를,

5. 나는 일회용 시안試案

이젠 시안이 까마득하게 느껴진다

갑자기 시안이 역겨워진다 정말 생각하기도 싫은
시안,
너무나 혐오스러운
시안,
그곳을 지우기로 한다 하지만 그곳의 당신은 선명하다
혼란스런
시안 그리고 시안이 아닌 것들
시詩 안과 당신,
시詩 밖과 나,
그러므로 내 눈은 백야를 앓는다

나는 시안이 아니다 일회용 시안試案이다. 나는 잠들지 못한다. 잠은 침묵의 또 다른 형식이어서 아버지가 그랬던 것처럼 밤 안에서 눈이 굳어지길 염원한다. 그러므로 나는 어둠의 내면이 입자가 환하다는 걸 느끼며 죽어갈 게 틀림없다.

서랍 위에 포개진 언어들이 알람처럼 울면서

잠들지 못한 눈을 기상시킨다
문득 시안에 있을 당신의 안부가 궁금해진다
(…)

병실에 갇힌 나를 위해 당신은
언어를 채집하여 보낸 적 있다

개미의 찬송, 나무의 눈물, 바람의 통증, 눈 없는 조각, 들꽃의 한숨, 유리창에 고인 저녁
이 모든 게 다 센텐스며 텍스트였다 당신은 그것들의 자궁이었고

내일 밤도 내 눈은 백야일 것이다 그러므로 당신이 보낸 수집품을 서역 어느 별자리로 띄워 보낼 설계를 한다 흐린 나비로 환생할 수도 있겠지만 나는 어차피 임시로 만들어진 일회용 시안試案이고 내 무덤은 허공에 흘러야겠기에

이젠 고하고 싶다

묵음을,

시詩. 안. 밖.

시詩 없는 묵음을, 묵음뿐인 시詩를,

가까운 허공에서 하얗게 바랜 별이 흘러간다

나를 기록하면서

혹은

기록하지 않으면서

안민의 시세계

극단의 상상력, 혹은 근원적 삶의 형식

황치복

안민의 시세계

극단의 상상력, 혹은 근원적 삶의 형식

황치복

(문학평론가)

1. 천문학적 상상과 음률, 혹은 운명에 대한 관심

이처럼 매혹적인 상상력과 시적 비전을 어떻게 형용할 수 있을까? 해일처럼 밀려오는 상상력의 파고를 보면 황홀함이 느껴지고, 언어의 숲을 뚫고 나가는 저돌적인 돌파력을 보면 아찔한 느낌이 들기도 한다. 그러나 무엇보다 서로 연결짓는 극단적인 상황과 사물들, 도저히 결합하기 어렵다고 생각되는 개념들의 결합과 충돌들이 빚어내는 아름다운 무늬는, 그가 좋아하는 용어로 표현하자면, 아마도 파문을 형성하는 '음률'이라고 할 수 있을 것이다. 안민 시인의 시적 공간에는 블랙홀과 화이트홀, 그리고 사건지평선과 설국열차, 유전자 풀과 같은 최첨단의 과학적 세계가 펼쳐지고 있는가 하면, '천칭좌', '게헨나'와 같은 제목이 내포하는 점성술이나 종교적 사유가 공존하고 있기도 하다. 또한 그의 시적 공간에는 저 우주의 광막한 공간이 유영하고 있는가 하면, 사막이나 유계幽界, 그리고 실크로드와 갠지스강, 티베트와 시안 등의 인간과 문명과 관련된 어떤 근원적인 의미를 지니는 공간들이 명멸한다. 이러한 다양한 색체들이 결합하여 안민의 시적 공간은 이국적이면서 그로테스크하고, 역동적이면서 신비롭기도 하는 정취를 자아내고 있는 것이다. 우리는 안민 시인이 창출한 시적 비전을 극단의 상상력이 발산하는 아름다움이라고 명명할 수 있지 않을까 생각해 본다. 2010년 『불교신문』 신춘문예를 통해서 문단에 나온 시인의 처녀시집의 매혹 속으로 들어가 보자.

안민 시인의 첫 시집에서 가장 주목되는 대목은 인간의 삶과 감정의 변화에 우주 천체의 운동과 중력이 수시로 등장하여 영향을 미치고 있다는 점이다. 그의 시집에는 중력장이 등장하기도 하고, 별이 운행하기도 하고, 그러한 우주의 율동이 지금, 여기의 삶에 영향력을 행사한다. 예컨대 안민의 시적 공간에서는 "아내의 숫자만큼 나의 분인은 인수분해 되지 못했다 일억 광년 거리의 어느 행성에서 또 다른 나의 분인이 눈물을 흘렸고"(「나와 나의 분인分人과 겨울에 갇히던」)라는 표현처럼 "일억 광년 거리의 어느 행성"이 갑자기 돌출하는가 하면, "헉헉거리는 혀,/ 중력에 순응하는 뼈와 근육들"(「당신을 향해 달리는 당신」)처럼 몸에 작동하는 "중력"의 실체가 상상되기도 한다. 이와 같은 천체 우주적인 상상력은 안민 시에 독특한 색채를 제공하고 있는데, 그것은 미시적으로 작동하는 현실의 세계에 거시적 조망을 제공함으로써 시적 사유를 낯설게 하는 효과를 발휘하고 있기 때문이다. 다음 작품은 이러한 메커니즘을 잘 보여주고 있는데, 안민의 시에서 천문학적 상상력은 현실에 거대한 우주적 사건들을 개입시켜 그 충격적 결합을 극대화하는 효과를 발휘할 뿐 아니라, 시간과 음악, 혹은 윤리와 연결되면서 매우 심오하고 그윽한 시적 공간을 창출하곤 한다.

  가을을 지워도 여전히 가을, 너는 손가락마다 우물을 지닌 바람, 우물이 흔들릴 때마다 비가 내린다 비의 표면에 맺히는 별빛들,

  나는 늘 흘러가고 너는 비 내리는 요일에만 온다 일기예보에 의하면 바람은 여전히 우울증을 앓는다 먹빛 일기에도 금세 들키는 표정처럼

  우울은 화이트홀까지 계속될 테지만 그곳은 천체망원경으로도 관찰된 바 없다 그러나 소멸 안쪽에서도 움찔대며 태어나는 입자들, 흘러가는 나는 사건지평선에 근접해 있다

그것은 우울한 비에 노출되었기 때문

오늘, 바람이라 명명하는 네 전생은 흐린 나무,

별빛을 모으면서 결빙되었다가 해동되었다가 부서지면서 바람이 된 너, 기억 속의 천문학자들 또한 그들의 별에선 나무였다 나보다 한발 앞서 사건지평선에 도달한 그들,

몸속으로 비가 샌다 어떠한 절망도 중력보다 무겁다 저 너머의 별에선 왕비와 병사가 참수당하는 게 보인다 불륜을 목격한 나무의 목에 걸리는 밧줄, 중력에 동의한 그들,

비는 무겁게 내리고 새는 음악을 작곡하고 누군가는 우주에서 가장 어두운 섹스를 꿈꾸고

네 혈액형이 내 눈동자에 번진다 사건지평선에 도달할 시간은 어제 내린 비와 내일 내릴 비만큼의 거리
　—「사건지평선까지의 거리—내가 속한 별은 어두운
　　　　구석이고 네 혈액형은 람다(,Δ)」 전문

사건지평선이란 그 너머의 관찰자와 상호작용할 수 없는 시공간의 경계면, 혹은 우주 끝에서 일어난 사건이 그 우주 바깥에 있는 관측자에게 영원히 전해질 수 없는 시공간의 경계로서 빛이

탈출할 수 없는 블랙홀의 경계를 지칭한다. 그것은 어떤 물리적 시공간의 극한을 의미하며, 블랙홀과 화이트홀처럼 확인되거나 측정된 개념이기보다는 우주적 추리와 상상이 만들어낸 결과물이라고 할 수 있다. 우주적 상상력이 만들어낸 어떤 절대적 시공간이 사건지평선인 셈이다. 이 시에서는 그러한 사건지평선이 주요한 시적 제재로 활용되고 있는데, "별빛들", "화이트홀", "천문학자들", "중력", "우주" 등의 천문학적 세계를 지칭하는 시어들과 결합하여 가을의 우울증이 우주적 사건으로 확대되고, 그 원인과 파장이 불가사의한 세계로 시적 상상력을 통해 확장되고 있다.

물론 여기서 사건지평선이란 은유적인 것이기도 하다. 그것은 우울증을 앓고 있는 시적 주체의 내면에 형성된 어떤 경계나 단절을 의미하거나 고립감을 함축하는 비유일 수 있다. 하지만 이 시에서 그러한 은유는 문제가 되지 않는다. "별빛을 모으면서 결빙되었다가 해동되었다가 부서지면서 바람이 된 너"라는 표현에서처럼 사건지평선이라는 시어는 상상력의 우주적 확장을 초래하고 있기 때문이다. 그리하여 천체 우주적인 상상력의 도입은 시적 공간을 원시적이고 주술적인 그것으로 변모시켜 어떤 근원적인 삶의 형식을 환기하는 효과를 발휘하게 된다. 이 시의 시적 공간은 "네 전생은 흐린 나무"라는 표현이나 "왕비와 병사가 참수당하는 게 보인다 불륜을 목격한 나무의 목에 걸리는 밧줄" 등의 표현, 그리고 "혈액형" 등의 시어들과 결합하여 신비스럽고 주술적인 성격을 지니게 되고, 그러한 변화로 인해서 운명론적이고 비극적인 삶의 형식이 암시되고 있는 것이다. 다음 작품을 보면 별자리의 운행과 같은 우주적 상상력이 태곳적 삶의 형식이나 주술적 사고방식과 긴밀히 결부되어 있음을 좀 더 분명히 보여준다.

할머니는 별자리를 귀신만큼 정확하게 짚어냈다

동짓달 한천에선 어린 별들이 우후죽순으로 자라났다 다시 바람에 실려갔다 그 무렵, 노인과 아이들이 자주 지워졌고
　어둠이 내리면 할머니는 장독대에 당신의 영혼을 수장시켜 놓고 주술을 풀었는데, 그런 행위는 별빛을 박제하는 일이었다 그러므로 내가 속한 구약舊約은 할머니였고 장독대는 가계의 이교였다

애초부터 신약新約은 나의 문명이 아니었기에 즐겼던 예술은 종이비행기를 접는 것이었다 비행기를 접을 때는 말을 지워야 했다 날개에서 묻어져 나오는 균형을 수신하기 위한 예의는 묵언이므로

때가 오면 팽팽한 균형 위에 내 흐린 영혼을 싣고 본향을 향해 이륙할 거라는 게 나의 신앙이었다
　　　　　　　　　—「천칭좌—Zubenelgenubi」 부분

'천칭자리'라는 별자리 자체에 대해서 주목하고 있다는 사실

자체가 중요하다. 그것은 신화시대나 농경시대의 삶의 형식과 사고방식을 불러오기 때문이다. "천칭좌"라는 제목을 보는 순간 우리는 그것이 초여름 남쪽 하늘의 처녀자리와 전갈자리 사이에서 만날 수 있는 별자리, 3등성보다 어두운 별들로 이루어져 있어 화려하지는 않지만, 옛날 농민들에게 씨 뿌리는 시기를 알려주던 중요한 별자리였다는 사실을 환기한다. 또한 천칭자리의 천칭은 정의의 여신인 아스트라이아가 인간의 선악을 재어 그 사람의 운명을 결정하는 데 사용했던 저울, 곧 천칭으로 알려져 있어서 정의와 공평을 지키기 위해 애쓴 아스트라이아의 공로를 기리기 위한 별자리라는 사실을 기억해 낼 수 있다. 천칭좌는 농경 생활의 삶의 리듬과 신화시대의 사회에 대한 원시인들의 생각을 담고 있어서 그것을 오늘날 호명하는 것 자체로 우리는 아득한 농경시대의 어떤 순환적 삶의 질서로 복귀하는가 하면, 원시시대의 사회적 원리에 대한 관념으로 귀의하게 되는 것이다.

그래서 이러한 천칭좌를 호명하기 위해서 "할머니"를 내세우는 것은 자연스러워 보인다. 그녀가 장독대에 정화수를 떠놓고 기원하는 행위는 주술적인 신화시대의 삶의 재현이라고 할 수 있는데, 시인은 이를 "별빛을 박제하는 일"로 해석한다. 별빛을 박제하는 것은 주술적 행위를 통해 희망의 끈을 새겨 놓은 행위이기도 하고, 삶의 운명론적 운행을 수용하는 행위이기도 할 것이다. 그것은 신학적 논리, 혹은 원죄나 구원의 문제가 스며들 여지가 없기에 구약舊約의 세계라고 할 수 있지만, 신학적 논리나 원죄의 문제로 오염되어 있지 않다는 점에서 영혼의 "본

향"에 속한다고 할 수 있을 것이다.

  그런데 이처럼 본향으로서의 신화시대의 주술적 삶을 지향하는 시적 비전은 곧 삶에 어떤 리듬을 부여하는 행위이자 예술적이고 종교적인 삶에 대한 복원과 관련되어 있다. 문명 이전의 구약으로 돌아간다는 것은 곧 자연과 인간의 우주적 삶의 유기체적 질서를 수용하는 것이며, 그러한 존재들이 서로 얽혀서 만들어내는 음악의 연주에 참여하는 것이기 때문이다. 고대 그리스 사람들에게 천체의 운행을 연구하는 천문학과 그것의 질서를 계산해내는 수학, 그리고 별의 운행과 같은 질서 정연한 우주가 연주하는 리듬으로서의 음악이 하나의 학문으로 통합될 수 있었던 것처럼 그것은 인간과 세계가 근원적으로 미분리된 채 어떤 질서를 형성하던 삶의 형식에 참여하는 셈이 될 것이다. 안민의 시에서 천체의 운행과 종교, 그리고 예술과 음률, 윤리 등의 세계가 항상 같이 따라다니는 것은 이러한 상상력의 기제가 그의 시의 바탕에 자리 잡고 있기 때문이다.

  그대는 어떨지 몰라도 나는 설국열차를 경험한 적 없다
하지만 그것엔 동의한다 그뿐만 아니라 경의를 표하고 싶다
그대는 몇 번째 칸인지 알 수 없고 나 또한 어디에 속해 있
는지 알 수 없다 단지 계절 지나가는 지대에서 한 번 또는
두 번 조우한다 이것은 암묵이고 규칙이지만 코 없는 인디
언 부족의 축제만큼 위태하다 시인은 위험한 짐승이다 시인
은 불행한 악기다 세상은 상징과 음표를 노리는 사냥꾼으로

득실댄다 상징과 음표가 어두운 길을 빠져나간다 사냥꾼은 언제나 자기의 소유가 존재하는 줄 믿고 있다 도덕적인 자가 자신을 담고 있는 구덩이가 자신의 소유인 것으로 착각한다 윤리적인 자가 자신의 물건을 품고 있는 동굴이 저를 주인으로 섬길 것으로 믿는다 그대와 나를 가둔 기차처럼…

음률은 대체로 기차의 내면에 속한다 음률은 예술을 위해 어느 구간에선 천천히 죽어가고 어느 구간에선 빛의 속도만큼 빠르게 흐느낀다 …(중략)…

기차는 마구 흔들리며 달리지만 나는 달팽이보다 느리다 지구별이 빛의 속도로 달리지만 그대가 나에게 닿는 건 유계처럼 멀듯

젖은 음악이 지나간다 음악이 읽히지 않는다 그러나 그 안에 흐르는 나의 소문은 누구에게나 다 방영된다 나는 진실만을 말할 것을 맹세하곤 했다 거짓말을 두 번째 들키면 누구를 막론하고 내 영역에서 지워지곤 했다 그러한 사실에 모든 눈동자가 흔들렸다 하지만 지금의 내가 「거짓말을 증오한다」라고 하는 것은 새빨간 거짓말에 가깝다
―「비어秘語 혹은 비어悲語」 부분

'설국열차'라는 영화의 모티프를 차용하여 전개되는 상상력

은 인간의 삶의 행로라든가 집단적 삶의 행로로서의 역사, 혹은 천체 우주의 운행, 혹은 그것에 내재되어 있는 질서 등을 함축하고 있다. 그런데 이 시에서 우주의 운행이나 삶의 질서 등을 상징하는 기차의 내부를 가득 채우고 있는 것은 윤리와 도덕, 그리고 음악 등의 리듬이다. 인용되지 않은 부분에서 시인은 "누구는 이런 상황을 운명의 장난이라고도 하고 누구는 돌이킬 수 없는 숙명이라고도 하고"라고 표현하거나 "대개의 기차들은 외형적으로는 도덕을 아버지로 섬기며 참으로 윤리적이다"라고 표현하면서 기차의 운행이 운명이나 윤리와 관련되어 있음을 표 나게 강조하고 있다. 또한 "나는 윤리를 증오한다고 외쳤지만, 비겁하게 윤리와 타협하며 여기까지 온 것이다 윤리는 기차의 속도만큼 퇴화하고 내 몸뚱이는 박물관을 닮아 간다 내가 누군가를 경외해야 한다면, 그것은 그들이 윤리에 적대적이기 때문이다"라고 하면서 기차의 내부를 가득 채우고 있는 것은 윤리적 타락과 갱신, 그리고 윤리에 대한 적대적 태도와 옹호 사이의 갈등과 대립이라는 것을 암시하고 있다.

또한 "기차에서 이탈한다는 건 참으로 두려운 예술이다"라고 하거나 인용된 부분에서 "음률은 대체로 기차의 내면에 속한다 음률은 예술을 위해 어느 구간에선 천천히 죽어가고 어느 구간에선 빛의 속도만큼 빠르게 흐느낀다"라고 하면서 기차의 내면을 가득 채우고 있는 것은 리듬과 음율이며, 그것은 결국 예술의 질료들임을 암시하고 있다. 또한 세상을 구성하는 것이기도 하면서, 그것의 표현이기도 한 것이 "상징과 음표"라고 하면서 시적 비전은 바로 그러한 상징과 음표를 통해서 세상의 질서를 현현하는 것임을 암시하기도 한다. 그리고 그러한 코스모스의 현현이 곧 윤리이자 도덕일 수 있음을 강조하고 있다. 물론 이러한 삶의 형식과 역사, 천체의 운행, 그리고 그 내면의 구성원리로 작동하고 있는 윤리와 운명, 혹은 음악과 예술 등의 요소들은 결국 천체적인 상상력을 통해서 도달한 근원적이고 주술적인 사고방식에서 기인한 것임은 말할 필요도 없다.

2. 극지, 혹은 극단의 이미지와 종교적 상상력

 안민 시의 근본에 천문학적 상상력이 작동하고 있다는 점, 그리고 우리 삶의 근원적인 형식에 대한 탐구로서의 충동이 그것에 자리 잡고 있다는 것을 확인했다. 그리고 그러한 근원적 삶의 형식에 대한 탐구는 운명과 윤리, 예술과 음악과 같은 자질들이 중요한 기제로서 작동하고 있다는 점을 확인할 수 있었다. 이러한 메커니즘을 통해서 우리는 안민 시가 천문학적 상상력이라는 거시적 관점을 통해서 우주와 인간과 자연이 분리되지 않는 미분화의 통합적 세계를 제시하고 있으며, 그러한 극단적 상상력이 근원적 세계와 연결되어 있음을 확인한 셈이다.
 안민 시에서 근원적 세계에 대한 충동은 천문학적 상상력을 통해서만 발현되는 것은 아니다. 이번 시집에서 두드러진 특징 가운데 하나는 사막이나 실크로드, 혹은 티베트나 중앙아시아, 혹은 인도의 바라나시와 중국의 시안 등 극지를 통한 극단적인 상상력이 발동하고 있다는 점이다. 사막이나 실크로드와 같은 지리학적 상상력은 인간의 삶과 죽음, 그리고 문명 등에 대한 근본적인 사유를 촉발하고 있다는 점에서 그 의의를 발견할 수 있다. 사막이나 실크로드 등의 황량한 지리적 요소들은 어떤 수식이나 장식 없이 있는 그대로의 날것을 그대로 보여준다는 점이 특징인데, 그러한 특성으로 인해서 사막이나 극지는 인간의 삶과 죽음, 문명과 자연, 파괴와 창조 등에 대한 근원적인 생각을 불러일으키는 작용을 하는 것이다. 이와 같은 극지와 관련된 극단적인 상상력으로 인해서 안민의 시적 공간은 근원적인 삶의 형식에 대한 사유가 주류를 이루게 되고 종교적인 색채를 띠게 된다. 인간의 삶과 관련하여 가장 근원적인 사유를 제공하는 것은 종교의 영역이기 때문이다.

　나는 표정 없이 앞으로만 걷는 동물이다 그러므로 멈춘다는 건 해 질 무렵, 사막의 능선에서 휘파람을 부는 것과 같다 다쉬테 사막, 석양을 배경으로 시아 무슬림이 사체를 짊어지고 메카로 향하던 모습을 본 적 있다 점처럼 작아지던 사내의 등은 적요한 문양을 풀어냈다 그때도 누군가의 휘파람 소리에 낙타가 무너져 내리며 생을 마감하고 있었다
　　　　　　　　　　　　　　　　―「사막의 풍경」부분

　죽지 않고 혀만 자른 오대수를 위해 울어주곤 했다. 그는 지옥을 향해 나비처럼 가볍게 날았어야 옳았는데 나비 대신

괴물이 되었다. 어떤 경우엔 유황불 펄펄 끓는 게헨나도 구원일 수 있다. 오이디푸스는 신에게 구원을 받았지만 오대수는 벌레에게도 구원받지 못했다. (흑흑)
　　—「게헨나—한 지옥에서 다른 지옥으로 건너는 게 죽음일 거라고 오늘 밤 기록한다」 부분

「사막의 풍경」을 보면 황량한 사막의 풍경에 마주선 시적 주체가 "표정 없이 앞으로만 걷는 동물"로 설정되어 있는데, 이러한 설정 자체에는 극지가 주는 원초적인 생명의 모습과 날것으로서의 적나라한 삶의 모습이 암시되어 있다. "석양을 배경으로 시아 무슬림이 사체를 짊어지고 메카로 향하던 모습"이라든가 "점처럼 작아지던 사내의 등"에 새겨지던 "적요한 문양", 그리고 "누군가의 휘파람 소리에 낙타가 무너져 내리며 생을 마감하고 있"는 장면들은 사막이 함축하고 있는 삶과 죽음의 원리, 혹은 그 바탕에 자리 잡고 있는 종교적 충동에 대한 인간의 심리적 근저를 보여준다. 정처 없이 걷는다는 것, 그리고 하염없이 무너져 내린다는 것이 사막이 우리에게 알려주는 삶의 행로이며, 그처럼 허무한 삶과 죽음에 대응하는 인간의 기제가 예술과 메카로 상징되는 종교라는 점을 암시하고 있다.

게헨나는 '힌놈의 골짜기'란 뜻으로 헬라어를 음역한 말인데 예루살렘 서쪽에서 남쪽으로 걸쳐 있는 골짜기를 말한다. 이곳에서는 자녀를 불에 태워 희생제물로 드리는 인신 제사, 곧 몰렉 숭배가 성행했는데, 그로 인해서 우상숭배의 이교적 열광과

지옥을 일컫는 말로 사용되기도 했다. 시인은 이러한 게헨나를 동원해서 인간의 근친상간과 같은 근원적인 욕망을 바탕으로 해서 윤리와 종교의 근원에 대해 사유한다. 근친상간의 욕망을 무의식적으로 실현한 오대수와 오이디푸스의 사례를 들고 와서 인간의 욕망에 내재되어 있는 탈윤리적이고 근원적인 욕망과 그러한 욕망으로 인해서 저주받은 운명의 심리적 고통에 대해 사유하면서, 구원과 종교적 의미, 그리고 문명을 지탱하기 위해서 인간이 감당해야 하는 자기 처벌과 속죄의 가능성 등에 대한 시적 사유를 전개하고 있는 것이다.

이와 같은 작품들과 시적 발상을 보면, 사막이나 게헨나 같은 극지들이 인간의 욕망과 윤리, 종교와 문명 같은 근원적인 영역을 활성화하고 있음을 알 수 있다. 다른 극지도 사정은 같아서 "카슈카르나 쿠차의 칼날 같은 길 위에서/ 허공에 휘파람을 띄우면 안 돼요/ 작두날을 탄다는 건 허공에서 죽은 영혼과 교류한다는 것"(「속화俗畵의 밤」)이라고 하면서 신장 위구르의 자치구에 속하는 실크로드의 한 도시인 카슈카르나 쿠차의 지리를 불러와서는 샤머니즘과 같은 종교의 근원에 대한 사유를 전개하기도 한다. 또한 중앙아시아에 위치하고 있는 우즈베키스탄의 한 도시이자 실크로드에 위치하고 있는 부하라를 끌고 와서는 "허공 혹은 천 길 나락으로의 주둥이 ;/ 18세기 부하라의 죄수들, 자루에 담겨 46m 칼란 미나레트 첨탑에서 뉴턴의 사과처럼 만유인력을 간증했다. 그때 계단은 캄캄했고 귀를 콱 틀어막았을 것이다."(「계단」)라고 하면서 이슬람 신도들의 예배시간을 알

려주는 사원이자 사막을 건너온 실크로드의 대상들에게 등대
와 같은 역할을 했던 칼란 미나레트 첨탑이 숨기고 있는 잔혹
성을 환기하기도 한다. 이슬람 종교의 등대와 같은 역할을 하
는 칼란 미나레트는 하나의 구원이기도 하지만, 죄악에 대해
서는 가혹한 응징이기도 하다는 사실을 암시하고 있는 것이
다. 하지만 극한의 지역이 종교적 색채와 연결되어 있음을 가
장 뚜렷이 알려주는 곳은 갠지스강이다.

 경가로 떠나지 못한 나날이었다 눈보라가 쓸쓸하게 치고
있었다 경가 경가 경가의 강江가 그 강가로 난 떠날 거야 되
뇌며 경가 강가를 그리다가 그림이 되질 않아 찢어버리고
경가 강가의 유연한 곡선을 닮은 붉은 나신을 그리던 밤이
었다 문밖에는 어둠이 강가처럼 질척거렸고 캔버스 안 나신
이 완성될 즈음이었다 초대한 적도 없는 젊은 사두가 내 방
문 앞에 당도했다 그러고는 뱀을 부리듯 나신 한 구를 그림
안으로 운구하였다 그림 밖에선 눈보라가 여전히 흩날렸고
그림 안에선 검은 잎들이 무성해지려 하였다 사두의 눈동자
가 나신을 향해 풀어지자 나신의 중심에선 강이 흘렀다 사
두는 어쩔 수 없다는 듯 시신을 내려놓고 화장을 시작했다
아, 화장되는 시신은 흘러간 내 몸이었다 그림밖에는 눈보라
가 쳤으므로 나는 뜨거워졌다 식기를 반복하며 졸았는데 졸
음 틈새 그토록 원하던 경가 경가 경가의 강가 그 강가에 내
가 놓여 있었다 미래의 내 주검이었고 모든 주검은 다 내 몸

이었다 다시 살아나지 않도록 다시 임종을 맞지 않도록 사두는 주검을 버닝가트에 차곡차곡 쌓았다 바라나시 경가 경가 희뿌연 강가에서 내 육신은 어제까지 죽은 사람 오늘 임종을 맞게 될 사람 그리고 다시는 임종이 없을 사람이었다 화장용 속옷을 걸친 주검을 람람싸드야헤— 람람싸드야헤— 주문이 넝쿨 모양 칭칭 감았다 눈썹 끝에선 나비가 팔랑거렸고 연기가 눈보라처럼 너울거렸다 하지만 아무도 울지 않았다 생과 사가 그림 같았다

—「바라나시 경가」전문

인도인들에게 성스러운 강으로 알려진 갠지스강을 지칭하는 경가에 대한 지리학적 상상력을 통해서 인간의 삶과 죽음에 대한 원초적인 의미를 탐색하고 있는 작품이다. 경가는 인도인들에게 어머니의 강으로 불리며 순례자들과 구도자들이 몸을 씻기 위해서 방문하는 곳으로, 살아 있는 자들은 갠지스강에 몸을 담가 죄를 씻고, 죽은 자들은 버닝가트에 담겨 화장을 함으로써 윤회의 고통에서 벗어날 수 있다는 곳이며, 장식과 치장으로 가리는 것에 익숙해진 문명인들은 누구나 할 것 없이 충격에 휩싸이는 곳이다. 삶과 죽음, 인간과 짐승들이 날것 그대로의 모습을 드러내고 공존하는 곳이 갠지스강이기 때문이다. 따라서 그곳은 바로 극한의 지점, 혹은 극단의 경계라는 점에서 극지라고 할 만하다.

따라서 경가를 꿈꾸는 시적 주체가 캔버스 안에 "나신"을 그

리는 것은 자연스러운 일이다. 경가는 문명의 겉치레를 떼어버리고 적나라한 적신赤身을 보여주는 곳이기 때문이다. 그리고 깨달음을 얻기 위해서 고행의 수도를 행하는 젊은 사두가 "나신 한 구를 그림 안으로 운구"하는 모습 또한 매우 자연스럽다. 경가란, 혹은 깨달음이란 바로 죽음과 삶의 불이不二를 체현하는 곳이기 때문이다. 경가란 과거에도 흘렀고, 현재도 흐르고 있으며, 미래에도 흘러갈 강이기에 전생과 현생, 그리고 내생를 함축하고 있기도 하며, 그러한 점에서 경가의 시신은 "흘러간 내 몸"일 수도 있고, "미래의 내 주검"일 수도 있다. 이렇게 되면, 자아와 타자의 구분 또한 무화될 수밖에 없는데, 자아와 타자의 개념이 윤회라는 그물망에 의해서 교차되거나 교환되는 상대적인 것이 되고 말기 때문이다. 그러한 점에서 "모든 주검은 다 내 몸이었다"라는 명제가 성립하게 된다. 억겁의 시간으로 보았을 때, 모든 주검의 토대와 배경은 나일 수 있으며, 또는 모든 존재자들은 그 배경과 근원에서 관계의 그물망으로 연결될 수 있기 때문이다. 이러한 인식에 도달했을 때, 모든 "생과 사가 그림 같았다"라는 진술이 성립하게 된다. 삶과 죽음이 모두 하나의 환영이자 그림자이며, 실체가 없는 순간의 변화에 불과한 것이 되기 때문이다. 그리고 이러한 모든 종교적 사유를 가능케 하면서 흐르는 것은 바로 경가, 갠지스강인 셈이다. 갠지스강이 이러한 종교적 사유를 촉발할 수 있는 것은 물론 그것이 극한의 땅, 극단의 경계에 있기 때문이다. 시인이 장시 형식을 빌어서 노래하고 있는 '시안' 또한 경가와 다르지 않다.

당신이 떠났다 김현과 김수영에 관한 텍스트를

나에게 건네주고

떠났다 시안으로

당신이 그렇게 떠나간 후

나에겐 시안과 시안 아닌 것만 존재한다 그러므로

내 사유는 시안에 관해서만 머문다

시안,

내가 경험한 적 없는 사진으로도 본 적 없는

생경하고 아득한 곳

서역의 문이 열린다는 환유적인 지대

너무도 아름다워 고통스러운

시안,

나는 애초부터 스승이 없었기에 어떤 영향도 받은 적 없는

그래서 동의한 바 없는 김현과 김수영

그들은 그곳을 체험했을까?

당신은 혁명을 위해 시안으로 떠난다 했고

나는 떠나지 않았다 하지만

나는 시안 밖에서

시안만을 고민하기로 마음을 굳히는데

TV 안쪽 매혹적인 기상캐스터가 내일은 안개가 자욱할 거라 예보한다

시안은 일기가 예민한 곳 그러므로
시안엔 이미 안개가 흐를지도 모를 일
천 년의 애증처럼 흔들리던
당신의 눈,
그 속으로도 안개는 스며들고 있겠지
산산이 부서지고 싶다던 당신의 문장은 잘 자라고 있을까?
─「시안」 부분

  시안西安은 중국의 주나라 때부터 수도로서 명성을 쌓아온 오래된 역사를 지닌 도시이지만, 시인에게 그곳은 "내가 경험한 적 없는 사진으로도 본 적 없는/ 생경하고 아득한 곳/ 서역의 문이 열린다는 환유적인 지대/ 너무도 아름다워 고통스러운" 곳이라는 점에서 극한의 경계인 극지라고 할 수 있다. 시안은 시인이 한 번도 가본 적은 없지만, 시인에게 어떤 극한을 연상시키는 곳, 한 세계가 끝나고 새로운 세계가 시작되는 곳, 바로 혁명(革命, revolution)의 땅이라고 할 수 있다. 모든 기존의 관습과 제도를 무화하고 새롭게 시작하는 것이 원론적인 의미에서 혁명이라고 할 때, 바로 그러한 혁명이 가능한 곳이 시안인 셈이다.

  혁명의 땅이기에 거기는 김현과 김수영처럼 새로운 문학의 영토를 개척하고자 하는 사람들에게 어울리는 곳이다. 따라서 "당신"이 시안으로 떠나기 전 건넨 김현과 김수영은 "시안 밖에서/ 시안만을 고민하기로 마음을 굳"힌 시적 주체에게 시적 혁명을 꾀할 수 있는 하나의 참조점이 될 것이다. 이러한 점에서 시안은 극한의 땅으로서의 시안西安이기도 하지만 '시의 안內'이기도 한 셈이다. 그런데 시안西安이 혁명의 땅이라는 사실을 상기해 보면, 시의 안은 곧 시의 혁명이 발생하는 곳, 시적 혁명이 발현되는 곳이라고 할 수 있으며, 따라서 시의 안이란 그동안의 시적 문법과 시적 관습을 무화하고 새롭게 갱신하는 시적 아방가르드가 발생하는 곳임을 알 수 있다. 따라서 시안 밖에서 시안만을 고민하는 시인은 시적 혁명을 꾀하는 혁명가라고 할 수 있는데, 혁명가란 근원으로 돌아가서 다시 시작하는 사람임을 생각해 보면, 그의 시적 전략과 비전이 바로 이러한 점에 있음을 다시금 확인할 수 있다.

3. 시간의 뼈, 혹은 시원과 근원에 대한 동경

천문학적 상상력을 통한 근원에 대한 탐구, 그리고 극지라는 지리학적 상상력을 통한 근원의 탐구와 함께 안민 시인의 근원에 대한 탐구를 추동하는 세 번째 기제는 바로 시간에 대한 발견이라고 할 수 있다. 시간에 대한 사유는 이미 극지에 대한 사유에서 흐르고, 순환하고, 회귀하는 성격을 지닌 모래와 강물 등의 이미지를 통해서 그 일단이 드러난 적이 있다. 하지만 시간에 대한 본격적인 관심은 안민의 시를 다시금 근원과 시원에 대한 세계로 몰아감으로써 그윽하고 신비로운 시적 공간을 생성하도록 한다. 물론 이러한 시적 메커니즘에는 근원으로 돌아가서 인간의 삶과 그것에 영향을 미치는 예술과 음악, 종교와 전통을 새롭게 갱신하고자 하는 욕망이 작동하고 있다.

시간에 대한 사유에서도 안민 시인의 독특한 상상력이 빛을 발하고 있는데, 시간은 천문학적 상상력이나 지리학적 상싱력과 결합하여 그의 주요한 관심사인 근원과 시원적 세계의 독특한 모습을 보여주기 때문이다. 안민 시인의 시에서 시간은 모든 삼라만상의 토대이거나 배경과 같은 것으로 파악되고 있는데, 그것은 시인의 시각이 거시적인 창문으로 세계를 바라보고 있다는 것에 대한 하나의 방증이라고 할 수 있다. 그러한 점에서 시간은 천체 우주의 운행에서 질료 역할을 했던 윤리와 운명, 혹은 음악과 예술과 연결되어 있으며, 극지의 사유에서 발현한 종교와 근원적 삶의 형식과도 연쇄고리를 지니고 있다고 할 수 있다. 다음 시에서 이를 확인할 수 있다.

그러니까 이건 난해한 스토리다 시간이 감금된다는 것, 지평선이 허물어진다는 것, 아무리 버둥거려도 네 안에선 꽃이 피지 않는다

믿기지 않겠지만 네 운명은 사막을 견디는 것, 주위를 돌아봐도 어머니가 보이지 않는데 너는 수북했겠지 전생에선 낙타와 은빛 여우가 네 심장에 고독 같은 족적을 남겼겠지 뿌옇게 흩날리는 허구들,

그거 너인 동시에 나였다 그즈음 거대한 언덕이 또 다른 너

와 나로 분열되며 무너져 내리고 있었다 그 불가해한 지대에서

　바람의 몸을 빌려 이곳에 갇혔다 그리고 윤회, 이제 더는 세포분열이 없을 것인가

　그러나 네가 속한 이곳도 블랙홀, 네 원적에선 아직도 푸른 두건을 두른 자들이 몸을 횡단하겠지만 이곳에선 알몸의 안구들이 네 몸을 횡단한다 너는 죄명도 없이 유죄다 눈들이 헉헉거리며 너를 가늠한다 어떤 눈은 탈레반처럼 날카롭다 어떤 눈은 대상처럼 탐욕적이다 그들의 눈 또한 주르륵 흘러내린다 폭염과 침묵 속에서

　흘리라 흘러,
　삭막한 육신이여,

　너는 사막을 허물어 나의 무덤을 짓는다 이젠 내 차례다 내 몸을 뒤집어 네 무덤을 지어주마

　눈들이 주목하고 있다 우리의 난장을, 소멸을, 이해할 수 없는 순환을
　　　　　　　　　　　　　―「모래시계」 전문

모래시계는 사막을 환기하고, 시간을 함축하고 있으며, 그것

도 흘러서 소멸하는 것이 아니라 한계에 도달하면 다시 새롭게 시작되는 시간, 곧 순환적 시간을 함축하고 있다. 안민의 시에서 시간은 흘러가는 것이기는 하지만, 그것은 전생, 현생, 내생, 혹은 윤회의 그것처럼 끝에서 다시 시작하는 순환적 특성을 지닌다. 이러한 순환적 시간의 근원에는 모래시계로서의 극지인 사막이 있다. 사막은 바람에 의해 끊임없이 모래가 흐르고 있지만, 또한 그것은 전체적인 형태를 반복할 뿐 어떤 근본적인 변화를 초래하지 않는다. 사막은 변화와 복원의 모순적인 현상이 공존하는 "불가해한 지대"로서 극지인 것이다. 변화하지 않는 변화, 혹은 변화하는 복원 등의 개념들은 "윤회"를 환기하도록 하고, 그것은 모든 존재들을 빨아들이는 "블랙홀"과 같은 천문학적 개념을 연상시킨다.

모래와 사막, 그리고 종교적 윤회와 천문학적 블랙홀과 관련되어 있는 이러한 시간은 인간의 근원적 삶의 형식과 존재의 본향에 대한 생각으로 시상을 이끌게 된다. 그리하여 "네 원적"이 상기되고, "알몸"으로서의 존재, 원죄의 굴레를 쓴 알몸으로서의 "죄명"과 "유죄"가 호명되고, 결국 삶과 항상 등을 맞대고 있는 죽음을 환유하는 "무덤"이 시적 사유의 마지막을 장식하게 된다. 물론 그것도 끝은 아니어서 시인은 "우리의 난장을, 소멸을, 이해할 수 없는 순환을"이라고 하면서, 무덤 뒤에 이어질 부활과 갱생의 새로운 시작을 언급하는 것을 잊지 않는다.

시인이 언급하고 있는 우리의 난장과 소멸, 그리고 이해할 수 없는 순환은 결국 시간의 예술이라고 할 수 있다. 시간이 혼란과 카오스로서의 변화를 초래하고, 그것들을 거시적 틀에서 다시 질서를 부여하는 순환의 틀을 제공한다. 그것이 블랙홀과 화이트홀을 생성하고, 삶과 죽음의 윤회를 창출하고, 리듬과 음악, 예술을 창안하고, 운명과 윤리와 종교에 배경을 제공한다. 그러니까 시간이야말로 존재의 가장 근본적인 토대이자, 근원이라고 할 수 있다. 시간에 대한 사유에서 시인이 "뿌리"라든가 "뼈"에 대한 사유로 전진하는 것은 따라서 지극히 자연스러운 수순이라고 할 수 있다. "공포는 나에게서부터 시작되었고/ 내 뿌리 끝에는 눈동자가 있었다// 유리에 감금된 눈동자가 떨릴 때/ 일곱 개의 눈동자 속으로 어둠이/ 밀려들었다"(「나와 나의 분인分人과 겨울에 갇히던」)처럼 어떤 근원으로서의 뿌리가 제시되는가 하면, "*제례는 내 뼈를 도굴함에 다름 아니므로/ 아직 비문을 완성하지 못했습니다/ 죄송합니다 꽃잎의 날(刃)들을 모두 절취당했습니다*"(「제례의 구간」)라고 하면서 시원적 대상으로서 뼈에 대한 관심을 보이기도 한다. 뼈에 대한 관심을 다음 작품에서 구체적으로 그 실상을 파악할 수 있다.

> 문득, 뼈가 시려 오면
> 내 뼈의 아득한 시원을 찾아
> 눈과 바람의 길을 걸어 수백 년을 거슬러 올라간다
> 뼈대 있는 집안의 자손이란 것이
> 대체로 나의 문명이지만
> 그것은 비석에 판각되거나 정의된 것만이 아닌

단단한 그 무엇이 내 속을 지탱하고 있기 때문이다

문장과 말 속에도 뼈가 있다 하고
문중의 아재 한 분은
바람조차 투명한 뼈를 지니고 있다 하므로
뼈는 삼라만상의 근원이다
모든 족속은 그 조상으로부터
몇 개의 맑고 흰 뼈를 물려받아 사는 동안
또 한 생이 고요히 마감되는 것이다

"뼈가 시릴 적엔 몇 모금 음복술로 덥히면서 오백 년 전, 통정대부 할아버지를 만납니다 삼십 대에 무슨 사화로 졸卒하신 당신, 처자식은 관노가 되고 그때 당신의 눈물은 눈발이 되어 사방 백 리까지 날렸습니다 그때부터 당신은 뼈마디마다 수수눈꽃을 피우면서 아버지와 저의 뼈를 만들었습니다 그러므로 눈발 속에도 맑은 뼈가 있음을 저는 믿습니다 아버지가 졸卒하시던 그때처럼"

―「뼈의 기원」부분

뼈를 찾는 순례의 길이 묘사되고 있는데, 실은 그것은 상상력을 통한 시간 여행이라고 할 수 있다. "뼈의 아득한 시원을 찾아" "수백 년"의 시간을 거슬러 올라간다는 것, 그리고 "삼라만상의 근원"으로서의 뼈를 발견한다는 것 등이 이 시간 여행의 과정과 결과들이다. 뼈에 대한 발견에서 자신의 뼈의 근원을 오백 년 전의 통정대부를 지내신 할아버지에게서 찾는 것은 그리 새로울 것이 없다. 하지만, "말 속에도 뼈가 있"고, "바람조차 투명한 뼈를 지니고 있"다는 점을 발견하고, 심지어는 "눈발 속에도 맑은 뼈가 있음을" 발견한다. 그리하여 결국 삼라만상의 근원에서 뼈를 발견하는 것으로 나아가는데, 그러한 발견은 의미가 있는 진전이다. 그것은 단순히 뼈를 발견하는 것이 아니고 뼈 속의 뼈, 혹은 근원으로서의 뼈를 발견하는 것이기 때문이다. 하지만 더욱 중요한 것은 그러한 시간의 근원에 대한 생각과 뼈에 대한 발견이 근원적인 세계에 대한 변혁과 혁명적 의지의 발현과 연결되어 있다는 점이다.

시인은 "지금, 내가 전하고자 하는 말은 누구도 모르는 비밀이며/ 아무라비족의 벽화 같은 것이며/ 유통기한은 물론 공소시효나 소멸시효 따위도 존재치 않는/ 예수와 붓다의 경전보다 더 숭고한 진실의 언어이다"라고 하면서 정의의 기원을 밝히는 「최초의 정의」라는 시에서도 어떤 사건과 개념의 기원에 대한 충동을 드러내고 있다. 시인은 이 시에서 최초의 정의라는 것이 그 근원을 폭력에 두고 있다는 사실을 표 나게 강조하고 있는데, 이러한 시도야말로 프리드리히 니체가 인식과 문화의 근본적 혁명을 이루기 위해서 도입했던 전략으로서 '계보학系譜學'을 연상시킨다. 어떤 도덕과 윤리의 원칙에 대해서 그 근원으로 돌아가서 그 기원이 부도덕하고 부정한 것에서 출발하고 있음을 규명함으로써 현상 자체에 균열을 가하고 지각변동을 유발하고자 한 계보학의 혁명적 전략이 시인의 시적 전략으로 채

택되고 있는 것이다. 계보학적 구도를 보여주는 다음 시는 순환적 시간에 대한 관심이 근원에 대한 탐구와 혁명적 기획과 연결되고 있음을 잘 보여주고 있다.

> 밤이면 회색 꿈을 꾼다 시간 변경선을 넘어온 표절된 은
> 유와 상징이 우글거린다 그게 그것 같은 입술과 언어들
> 　투르크, 위구르, 허베이, 네이멍,
> 　매혹적인 텍스트를 꿈꾸는
> 　혀의 욕망,
> 　욕망 또한 그 무엇의 모작이겠지
> 　당신은 비행을 넘어 강렬한 혁명을 모색하지만 이번 생의
> 내 걸음은 대낮에도 충분히 위험하다
> 　　　　　　　　　　　　　　　　―「시안」 부분

이 시에 등장하는 "시간 변경선"은 원시와 문명의 경계선일수 있다. 시간 변경선을 넘어온 은유와 상징이 표절된 것이며, 천편일률적인 표현으로 전락했다는 것이 그것을 암시하고 있다. 하지만 "투르크, 위구르, 허베이, 네이멍"과 같은 문명의 습격으로부터 상대적으로 자유로운 곳은 원시와 야만의 생명을 유지하고 있는 지점이라는 점에서 하나의 극지라고 할 수 있는데, 그러한 극지는 어떤 근원적인 세계를 암시한다. 그것을 언어화하는 것은 원시를 코드화하고 영토화한다는 점에서 하나의 폭력이며 "그 무엇의 모작"일 수 있겠지만, 그러한 극지가

함축하고 있는 근원적 시간들은 "강렬한 혁명"의 에너지를 지니고 있다. 이 시는 문명의 그러한 코드화와 영토화를 우려하면서도 시간 변경선 너머의 극한적 지리로서의 극지가 담지하고 있는 탈코드적이고 탈영토적인 힘으로서 원시적이고 시원적인 시간을 복원함으로서 갱신과 혁명을 꾀하고자 하는 의지를 함축하고 있다.

4. 극단과 근원이라는 태풍의 눈

천문학적 상상력을 통한 삶의 형식과 문명의 근원들, 그리고 극지라는 지리학적 상상력을 통한 삶과 죽음 등의 근원적 삶의 형식들, 마지막으로 순환적 시간과 뼈에 대한 탐구를 통한 혁명의 가능성을 담구하는 안민 시의 시적 상상력을 추적해왔다. 현란하고 모험적이고 기괴하고 충격적인 시적 발상과 이미지의 결합, 그리고 비약과 도전을 감내하는 안민의 시적 비전은 충분히 매혹적이다. 특히 천체 우주적인 상상력이 발굴해내는 운명과 윤리, 그리고 음률과 예술뿐만 아니라 종교와 주술들의 주제들은 극지라는 지리학적 상상력을 통해서, 그리고 시원적 시간에 대한 탐구를 통해서 반복되고 변주되면서 그물망을 형성하고 있다. 그리하여 어떤 시공간의 극한과 경계를 상정하는 극단적 상상력은 인간과 자연과 문명의 극원적인 형식과 관계에 가 닿는다. 특히 그의 근원적 세계에 대한 관심은 단순한 호기심과 기원의 발견에 대한 고고학적 관심이 아니라 하나의 시적 전략으로서 우리의 삶과 사고방식에 근원적인 혁명을 꾀하고자 하는 계보학적 충동에 추동되고 있다는 점에서 더욱 주목된다. 우리가 앞으로 안민 시인의 시적 행동에 더욱 주목해야 하는 이유들이 여기에 있다.

| 안민 |

본명 안병호. 경남 김해 출생. 2010년 『불교신문』 신춘문예 당선.
2018년 부산문화재단 지역문화특성화지원 사업 수혜,
2018년 한국문화예술위원회 아르코문학창작기금 수혜.
현재 부산작가회의 회원.

이메일 : dominiko8@hanmail.net

게헨나 ⓒ 안민 2018
———————————
초판 인쇄 · 2018년 8월 27일
초판 발행 · 2018년 8월 30일

지은이 · 안민
펴낸이 · 이선희
펴낸곳 · 한국문연

서울 서대문구 증가로 31길 39, 202호
출판등록 1988년 3월 3일 제3-188호
대표전화 302-2717 | 팩스 · 6442-6053
디지털 현대시 www.koreapoem.co.kr
이메일 koreapoem@hanmail.net

ISBN 978-89-6104-215-4 03810

값 10,000원

* 잘못된 책은 바꾸어 드립니다.

본 도서는 2018년 부산광역시, 부산문화재단 지역문화예술
특성화지원사업으로 지원을 받았습니다.

이 도서의 국립중앙도서관 출판시도서목록(CIP)은 서지정보유통지원시스템 홈페이지(http://seoji.nl.go.kr)
와 국가자료공동목록시스템(http://www.nl.go.kr/kolisnet)에서 이용하실 수 있습니다.
(CIP제어번호: CIP2018027117)